與她們相遇，
不論出現巨痛或者狂喜，
都會激起大藝術家們
創作的靈感

那些巨□□□□的

繆斯女神

Muses
of
Artists

藝術家們
從她們那裡獲得靈感
成就天才的創造

余鳳高 著

U0078464

■ 畢卡索的繆斯女神奧爾迦──「一見到她，就不能忘懷。」
■ 達利的繆斯女神加拉──「因為擁有妳的活力，才讓我創作出作品。」
■ 安徒生的繆斯女神珍妮・林德──「她是《夜鶯》的原型，真善美的化身。」
■ 阿拉貢的繆斯女神艾爾莎──「我將使天使妒忌她晶瑩的翅膀，燕子妒忌她的寶氣珠光。」

目錄

上篇　作家的繆斯

目錄...

下篇　藝術家的繆斯

前言：繆斯的傳說

　　赫西俄德是荷馬之後古希臘最早的詩人。荷馬實際上是古代彈唱英雄史詩的盲歌手的代名詞，以署名荷馬為作者的《伊利亞特》和《奧德修紀》乃是依據民間流傳歌唱英雄業績的許多短歌編寫而成。赫西俄德則不同，他是一個活動期約在西元前 700 年的真實歷史人物，且留下兩部完整的史詩：記述諸神神話的《神譜》和描述農夫生活的《工作與時日》。

　　《神譜》一開頭，赫西俄德就唱道：

　　　　讓我們從赫利孔的繆斯開始歌唱吧，她們是這聖山的主人。她們輕步漫舞，或在碧藍的泉水旁或圍繞著克洛諾斯之子、全能宙斯的聖壇。她們在珀美索斯河、馬泉或俄爾美俄斯泉沐浴過嬌柔的玉體後，在至高的赫利孔山上跳起優美可愛的舞蹈，舞步充滿活力。她們夜間從這裡出來，身披濃霧，用動聽的歌聲吟唱，讚美宙斯——神盾持有者，讚美威嚴的赫拉—亞哥斯的腳穿金鞋的女神，以及……

　　　　　　　　　　　　　　　　　　　　　　（張竹明等譯文）

前言：繆斯的傳說

〈阿波羅和眾繆斯在赫利孔山上〉法國畫家克洛德・洛林 1680 年的作品

等等，描寫了眾位繆斯的生活和活動狀況。

赫西俄德稱生活在奧林波斯山上的繆斯是「偉大宙斯的九個女兒」，並列出她們的名字分別是：卡利俄佩、克利俄、歐特爾珀、塔利亞、墨爾波墨涅、特爾西科瑞、艾拉托、波林尼亞、烏拉尼亞。其中的「卡利俄佩是她們大家的首領」，「她們口吐優美歌聲，用歌聲讚美萬物的法則和不朽眾神的美好生活方式」。

另外，這九位繆斯，各都有她各自的功能：卡利俄佩通常持書寫板，司掌英雄詩，即史詩；克利俄通常持卷軸，司掌歷史；歐忒耳珀通常吹長笛，司音樂；塔利亞通常執喜劇面具，司掌喜劇；墨爾波墨涅通常持

悲劇面具，司掌悲劇；忒耳西科瑞通常作持里爾琴，作舞蹈狀，司掌舞蹈；艾拉托通常持西特拉琴，司掌抒情詩；波林尼亞通常披紗巾，司掌聖詩或模擬藝術；烏拉尼亞通常持地球儀和羅盤，司掌天文。包括了詩歌、音樂、戲劇、舞蹈等古代所有的文藝形式甚至還有天文、歷史。

除了繆斯的誕生、九位繆斯的名字和她們的性情品格特點外，赫西俄德《神譜》的主體部分是述說宇宙諸神和奧林波斯諸神的誕生、他們之間的親緣世系和他們的形相性情等。作者聲稱：「曾經有一天，當赫西俄德正在神聖的赫利孔山下放牧羊群時，繆斯教給他一支光榮的歌。也正是這些神女──神盾持有者宙斯之女，奧林波斯的繆斯，曾對我說出如下的話，我是聽到這話的第一人。」

這當然是赫西俄德的想像，但相信他是真心認為確有這麼回事的。因為如英國科學史家威

〈繆斯持卷軸〉約西元前 430 年的畫作

前言：繆斯的傳說

〈赫西俄德和繆斯〉法國畫家古斯塔夫夫·
莫羅 1891 年的作品

廉·塞西爾·丹皮爾在《科學史及其與哲學和宗教的關係》中指出的：「奧林波斯的宗教帶有露骨的神人同形同性論色彩，像這樣一種宗教與其說是訴諸理智，不如說是訴諸想像力」；「就是要用可以理解的方式來解釋自然及其過程——使人類在世界上感覺安適。」（李珩譯文）

赫西俄德無疑還相信，他能夠創作出《神譜》這部偉大詩篇，便是由於有繆斯賦予他靈感。這也是古希臘時代，甚至此後一個長時期中人們普遍的信念。希臘合唱琴歌的職業詩人品達羅斯（西元前 518 或 522—約前 438）在《奧林匹斯頌》中聲言：「什麼也比不過天賦的才能，可是有些人卻想單憑學到的本領來爭取名譽。如果沒有上天的稟賦，一切也是徒然……」在《頌歌》中，他又再次說到：「詩人的才能是天賦的，沒有天才而強學作詩，喋喋不休，好比烏鴉呱呱叫，叫不出什麼名堂來。」

那麼，這「天賦」是怎麼來的？是誰賦予、怎樣「賦予」的呢？古希臘的兩位哲學家蘇格拉底和柏拉圖就都相信是有神力的憑附。蘇格拉底（西元前 469—399）斷言，詩人寫詩並不是憑智慧，而是要憑「天才

的靈感」。柏拉圖（Plato, 西元前 428 或 427—前 348 或 347）更明確提出，要「有神力憑附」。古羅馬的賀拉斯（西元前 65—前 8）也有類似的看法。他聲稱，詩人是神的「代言人」，「詩神把天才，把完美的表達能力，賜給了希臘人」。

在今天 AlphaGo 擊敗世界頂級棋手的時代，「神力」只是被作為一個誇張的形容詞運用，而不會相信真的有什麼「神」給人以某種助力。但是相信靈感的憑藉卻是存在的。一部具有典範式的、首創性，而不是模仿的文學藝術作品的創作，往往都起自於靈感的激勵。

「發生認識論」認為，生物的發展是個體組織環境和適應環境這兩種活動相互作用的過程，也就是生物的內部活動和外部活動的相互作用過程。平日裡，作家藝術家的意識領域本就存在某種固有的「格局」，當遇到外在的某種與之相合的刺激時，便會引起特定的反應，使心靈產生前所未有的撞擊或震盪。這就可以看成是靈感的激發。像傳說中的繆斯都是女性，作家、藝術家與某位女性之間的相處，往往就出現這種情況，不論出現巨痛或者狂喜，都會激起創作的靈感。這也就是人們把生活中賦予作家藝術家以靈感的女性稱為「繆斯」的來源。

「繆斯」在人間。

作者

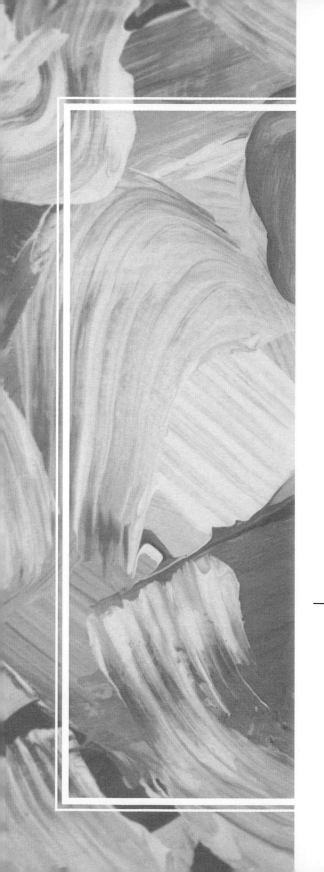

上篇

作家的繆斯

GREAT MASTERS AND
GODDESSES

阿拉貢的艾爾莎

路易‧阿拉貢

曾與安德列‧布勒東、菲力浦‧蘇波一起創建「超現實主義」的法國詩人和小說家路易‧阿拉貢（Louis Aragon, 1897—1982）雖然背著私生子的壞名，但從小就顯示出極高的天分，特別表現在寫作方面。他甚至還不會寫字的時候，就已經在開始口述故事，由他的姨媽記下來。從六歲到九歲，兒童時代的阿拉貢共寫過六十多篇微型小說，加起來大約有兩三本學生練習冊那麼厚，雖然有些小說的幾個章節，每章只有幾行字。他九歲那

年，寫出了一部長篇《盧內一家》；六年級考試時的一篇作文，法語老師認為寫得很優美，被授予法語一等獎，並作為範文朗讀給二年級的同學們聽。成人之後，阿拉貢從1917年正式發表第一篇小說《貞潔小姐》獻給大作家安德列·紀德起，陸續出版了《阿尼塞或西洋景，小說》（1921）、《泰萊馬格歷險記》（1922）、《自由奔放》（1924）和《巴黎的農民》（1926），期間還有其他幾部作品在刊物上發表。作為一位作家，阿拉貢的創作，一開始就可說是十分順利。但是正如俗話說的，有一好就沒兩好。阿拉貢在愛情方面出現無比的煩惱。

出身於英國上層階級家庭的南茜·克拉拉·肯納德（Nancy Clara Cunard, 1896—1965）是倫敦社交界的著名女主人。她在國外受教育，包括法國和德國。在第一次世界大戰中與軍官、板球運動員西德尼·菲爾貝恩的婚姻破裂後，來巴黎定居，一身投入現代主義、超現實主義和達達主義運動。從這時起，她在舉辦上流社會交際活動的同時，先後出版了《不法之徒》（1921）、《塵世》（1923）、《時差》（1925）等詩集，並熟悉幾位作家、藝術家。南茜生活十分隨意，奧爾德斯·赫胥黎、歐尼斯特·海明威、艾茲拉·龐德、詹姆斯·喬伊斯等，還包括路易·阿拉貢等都

南茜·肯納德

是她的情夫，可以列出一長串名單。

　　南茜‧肯納德是 1926 年認識阿拉貢的，當時阿拉貢心情比較煩悶。她見阿拉貢「像一個英俊的王子那麼帥」，一次兩人一起乘坐計程車時，便在寬敞的車後座上「占有」了他。隨後，兩人一起去西班牙度假旅行，還去了義大利看南茜的朋友諾曼‧道格拉斯。1928 年，阿拉貢幫助南茜創建了「時時出版社」，屬當時法國的一個比較小的著名出版社，一直運作到 1931 年。但是不多久，兩人的關係就難以維繫了。

　　南茜喜歡旅行，阿拉貢只好陪著她去西班牙、荷蘭、義大利、德國以及法國的其他地方，使他常常不能參加超現實主義團體的定期聚會。超現實主義是一個詩人的團體，本來，因為阿拉貢背地裡還在創作小說，已使他和他們的關係有些不融合，如今這麼一來，就更使他被團體懷疑與他們有嫌隙。南茜的個性也實在讓阿拉貢簡直難以接受。阿拉貢的傳記作者皮埃爾‧戴克斯寫道：「南茜不但常在酒吧間泡到很晚才回家，而且還喝得酩酊大醉。於是，她變得暴躁，無法自制，甚至發脾氣，在精神上給阿拉貢造成很大的傷害。她還把自己過去的豔史講給阿拉貢聽，來折磨他……」（袁俊生譯文）。1928 年，兩人之間的感情已經破裂。9 月裡，南茜帶阿拉貢到了威尼斯後，阿拉貢甚至在這月中旬的一天服下安眠藥水企圖自殺。雖然做過軍醫的阿拉貢「潛意識阻止他吞服致死的劑量」，而安全獲救，這愛情的痛苦，加上當時新出現在許多知識精英中間的共產主義和他原來的超現實主義的不調和，使他在思想和創作上出現危機。也就是在這個時候，另一個女人艾爾莎‧特奧萊適時出現了。

　　艾爾莎‧特奧萊（Elsa Triolet）原名艾爾莎‧卡岡（Kagan），1896 年生於俄國里加的一個猶太人家庭，全家後來遷到莫斯科；她父親尤利‧阿列克山大洛維奇‧卡岡是著名的律師，母親葉連娜‧尤利耶芙娜‧別

爾曼是一位音樂家。

　　艾爾莎從小就喜歡文學。出於對詩歌的喜愛，她認識了詩人弗拉基米爾・馬雅可夫斯基（Vladimir Mayakovsky）。與她的認識，也讓馬雅可夫斯基見到大她五歲的她姐姐莉麗，把她看成是他的至愛，從她那裡獲得靈感，創作出不少好詩。

　　1917 年，當時還是建築學院學生的艾爾莎結識了法國駐俄國軍事代表團的騎兵軍官安德列・特奧萊，幾個月後，兩人結婚，外出旅遊。

　　本來，艾麗莎以為可以很快回來。誰知十月革命後，蘇俄封鎖去來往外國的口岸。於是，她也便只好漂流海外了。1921 年，艾爾莎與丈夫離異，來往於倫敦、柏林和南太平洋中的塔希提島。旅途中獲得的感受，使她得以用俄語寫出了她的第一部小說《在塔希提島》，但遲至 1925 年才出版。這是艾爾莎的處女作，雖然兩年前就已出版過一部她和朋友、未來的小說家維克多・什克洛夫斯基（Viktor Shklovsky）合寫的書信體小說《動物園，並非情書，或第三個愛洛綺絲》。這段時間的其他作品還有《林中草莓》（1926 年，莫斯科）和《偽裝》（1928 年，莫斯科）。

　　艾爾莎往返於巴黎和莫斯科時，1924 年在巴黎藝術家聚合的蒙帕納斯住下，進入費爾南・雷捷、馬賽爾・杜尚等超現實主義藝術家的圈子。

　　早在 1925 年 7 月之前，艾爾莎就在「丁香園」酒店見到過阿拉貢。那段時間裡，艾爾莎經常都在這家酒店寫信、喝茶，一坐就是好幾個小時。一天早晨，阿拉貢參加超現實主義在這裡舉辦的宴會，曾有一位朋友向他指認過坐在陽臺上的艾爾莎。

　　1928 年秋，馬雅可夫斯基來巴黎，是艾爾莎邀請他來的，並為他任翻譯。當時，這位俄國未來派詩人在巴黎文學界享有很高的名望，阿拉

貢很想認識他，請他於 11 月 6 日在蒙巴納斯附近的「穹頂酒家」見面。
那天，阿拉貢的超現實主義朋友安德列・蒂里翁也在那裡，他因為所愛
的女人離開了他，心情煩躁，獨自躲在陽臺上暗自傷神。阿拉貢上去安
慰他時，蒂里翁記得，艾爾莎也跟著上了陽臺。她用目光審視了一下周
圍，像是開玩笑地說：「你們不讓我看這個地方，都在這裡幹什麼呀？」
蒂里翁接著記述說：

　　陽臺的後面，被用一塊幕布隔成兩部分，那裡有一張又大
又深的扶手椅。「就是在這裡，還能做什麼呢？做愛嗎？」她
說。我正好可以看到，她委身阿拉貢，大口大口地吻他；我猜
得到發生了什麼事。

　　一般都認為，1928 年 11 月 6 日是阿拉貢和艾爾莎最終相識的日
子，而且如原名安娜・皮爾斯基的女小說家和傳記作家多明尼克・德桑
蒂所指出的，阿拉貢一定享受了與艾爾莎的第一次擁抱。但兩人還沒有
馬上結合，因為隨後的那天晚上，阿拉貢不僅沒有跟艾爾莎待在一起，
反而去與南茜跳舞。另有一次，他還去向漂亮的舞蹈演員萊娜・安塞爾
調情。
　　不過，「艾爾莎雖然長得不像南茜那麼美，」皮埃爾・戴克斯寫道，
「但她有另一種韻味：女性美和典雅的氣質與她的聰明才智相得益彰，就
連阿拉貢也為她的聰明才智所折服。」於是，對一個剛失去戀人的男人和
一個主動迎合男人的女子來說，《巴黎的放蕩》的作者達恩・弗蘭克說：
「以後事態的發展不難想像。他們經常在城堡街幽會……」
　　1929 年初，路易・阿拉貢和艾爾莎・特奧萊一起住進了蒙帕納斯區

艾爾莎和阿拉貢

中心地段康帕涅街阿拉貢租來的工作室，開始同居。

雖然他們遲至 1939 年才正式結婚，但從這時開始，此前的諸如萊娜等女人都消失不再存在了，他們兩個真正不可分離地結合在一起，如艾爾莎在 1929 這年的 4 月 8 日的日記上所說的：「我們終於生活在一起了……這是我生活裡難以想像的事件。我們一起度過美好的時光，愛情的時光。」

從此之後，阿拉貢和艾爾莎的確不但在一起，阿拉貢還從他的這個極具聰明才智的女人那裡獲得創作的靈感和其他的多方幫助。

早年阿拉貢是經由超現實主義詩人安德列‧布勒東的介紹，參加達達主義等先鋒運動的。本來，超現實主義者對蘇聯都抱有欽佩之情。為了探求意識形態，阿拉貢靠攏共產黨，並像 1920 年代的許多激進知識份子那樣，受到深刻的影響，參加了共產黨；還曾因在法國號召革命，被判五年徒刑、緩期執行。

1929 年 2 月 20 日，莉麗和她的丈夫勃里克外出旅遊，經華沙到達柏林。莉麗打電話給艾爾莎和她母親，於是他們兩人前去柏林看望他們。

莉麗的丈夫奧西普‧馬克西莫維奇‧勃里克，父親雖是一位有錢的

跨國大古董商和大珠寶商，但他本人在革命前曾參加過學生運動；布爾什維克取得政權之後，受到任人民教育委員會委員的安納托里‧盧納察爾斯基的重用，有研究者還懷疑他可能還是蘇聯「肅反」組織「契卡」的祕密成員。勃里克在感情方面，崇尚當時許多知識份子中間流行的仿效車爾尼雪夫斯基小說《怎麼辦？》中宣揚的「愛情自由」觀，即戀愛自由、情感真誠和個性獨立自主。他喜愛文學，尤愛詩歌，出版過詩和評論集。基於他的這一愛情觀，他不計妻子和馬雅可夫斯基的情人關係，曾不止一次真誠地掏錢幫助馬雅可夫斯基出版詩作。

艾爾莎和阿拉貢於 3 月 22 日到達柏林，與姐姐和姐夫一起待了十三天，直至他們去倫敦。交談中，艾爾莎想透過勃里克幫助阿拉貢成為蘇聯文學機構的連絡人。這一願望雖然因為阿拉貢仍然沒有擺脫布勒東的超現實主義圈子而未能立即實現，但是後來畢竟還是起了作用。

艾爾莎看到阿拉貢具有文學創作的天賦，同時也看到這天賦受超現實主義和無政府主義的禁律所束縛。布勒東的超現實主義強調將經驗的有意識領域和無意識領域完美結合，讓夢和幻象的世界在「一種絕對的現實、一種超現實」中與日常的理性世界相連接。有些超現實主義者甚至一意追求無意識的自發顯示，摒棄有意識的頭腦的約束，甚至崇尚所謂的「自動書寫」。艾爾莎堅信此種信念不僅無助於藝術創作，相反只會阻礙正常的藝術創作。她決意要讓阿拉貢擺脫布勒東，幫助他走出超現實主義的藩籬，跨上現實主義之路。同時她也明白，阿拉貢只有和超現實主義的老朋友脫離，才有可能去他嚮往的蘇聯。

1930 年 9 月底，艾爾莎與阿拉貢從巴黎出發去柏林，看望她的與母親待在一起的姐姐莉麗。馬雅可夫斯基剛在 4 月 14 日自殺，除了在政治和文學上與「俄羅斯無產階級作家聯盟」和蘇聯當局發生齟齬，與她姐姐和另一個女人的感情糾葛也是原因之一，使莉麗正陷入無比的痛苦

之中。在柏林，艾爾莎和阿拉貢遇到法國記者和電影作家喬治‧薩杜爾
（Georges Sadoul），他正在等待簽證去往烏克蘭蘇維埃聯邦共和國的首
都哈爾科夫參加革命作家代表大會。既然薩杜爾的簽證還得等待，無法
跟隨他同往，於是艾爾莎和阿拉貢就自己走了（也有資料說是與薩杜爾
一起走的）。一輛慢車帶他們穿越波蘭到達蘇聯邊境。接著他們見到了
莉麗和一群朋友，於是順利地到了莫斯科。經艾爾莎斡旋，阿拉貢得以
受邀參加 1930 年 11 月 5 日至 12 日在哈爾科夫舉辦的作家代表大會。
大會結束回到莫斯科後，阿拉貢和薩杜爾於 12 月 1 日同意簽署了一份
顯然是由蘇聯文學界最高權力機構策劃的「檢討信」。在這檢討信裡，
阿拉貢和薩杜爾承認，作為共產黨員，本應讓黨去有效地監督自己的文
學活動，並將此活動置於黨的控制之下；在這方面，他們兩人犯了「原
則性錯誤」。檢討信還表示，雖然自己與超現實主義團體中的其他成員
所發表的個人作品有任何關係，但只要這些作品打著「超現實主義」的
名號，或帶有「超現實主義色彩」，「我們就應當擔起責任來，尤其是
安德列‧布勒東的《超現實主義第二宣言》，因為它違背了辯證唯物主
義。……我們始終堅持辯證唯物主義，進而拒絕所有的唯心主義思潮，
特別是佛洛依德主義」等等。

　　阿拉貢簽字作這樣的自我批評，一個原因是與蘇方的默契：這是邀
請他們參加會議的必不可少的條件，另一個不可忽視的原因是涉及到他
與艾爾莎之間的關係，如傳記作家所指出的，「阿拉貢無法拒絕簽字，
那是因為他得考慮艾爾沙及其家人的處境，尤其是得考慮莉麗的處境。
拒絕簽字就意味著和共產主義決裂，對於阿拉貢來說，也就意味著和他
的愛情生活決裂。」

　　走上這條路後，必然的結果是回法國後與布勒東決裂，同時必然地
也開始由超現實主義的重視內部向外部方向轉型，下決心走現實主義的

道路。

此前，安德列·特奧萊都每月按時給艾爾莎寄 1,000 法郎生活費；如今已經與阿拉貢同居，自然不能再要這筆錢了。生活的拮据，讓艾爾莎覺得不得不節制開支，同時又設法為著名服裝設計師製作項鍊，並取得了成功。但是，為了支持阿拉貢，艾爾莎只好捨棄這項收入，憑藉勃里克與蘇聯當局的關係，讓蘇聯人邀請他們夫婦去蘇聯訪問。結果，從 1932 年春至 1933 年春，他們兩人在蘇聯逗留了一年，在此期間，阿拉貢得以擔任蘇聯《世界文學》雜誌法文版的編輯，既遠離了超現實主義者，又受到現實主義和社會主義現實主義文學的薰陶。1934 年夏，阿拉貢又去蘇聯，出席蘇聯作家聯盟第一屆代表大會。1936 年，再次去蘇聯訪問，參加了大作家馬克西姆·高爾基（Maxim Gorky）的葬禮。結果也是明顯的：阿拉貢出版了文集《關於社會主義現實主義》，並繼《巴塞爾的鐘聲》之後，以現實主義的手法創作了他以《真實世界》為總題的系列作品第二部，小說《上等街區》。

《上等街區》描寫了兩個兄弟：愛德蒙·巴邦塔納找一個富有的女人做情婦，靠她來養活；阿爾芒·巴邦塔納 17 歲就離家進工廠做工。作者在這部作品中，以現實主義的態度來探索法國的社會，書中融入了作家父親所在的教區和母親在土倫生活的回憶，當然也少不了他自己青少年時代的生活，如作品中的泰蕾絲·卡洛塔就與南茜非常相似。

小說在蘇聯時動筆，於 1936 年 6 月 10 日完成，同年 10 月出版。在書的「後記」中，阿拉貢表示將此書獻給多方面幫助他的、他親愛的艾爾莎：「正是由於她，我才有今天，正是由於她，我才在厚重的雲層裡見到現實世界的人口，在那個世界裡或生或死都是值得的。」

在 1939 年 2 月 25 日接到結婚證書後，「作家、報紙編輯路易·阿拉貢」和「作家艾爾莎·卡岡」於 2 月 28 日在巴黎第一區政府舉行

結婚儀式，使他們的合法地位得到了解決。婚後的兩個月裡，他們一心創作，艾爾莎剛在幾個月前出版了她用法文寫的第一個短篇小說集《晚安，泰蕾絲》。隨後，夫婦兩穿越大西洋，應邀去紐約參加左翼作家代表大會。

艾爾莎說的對：從 1928 年兩人結合時起，阿拉貢和她就「真正不可分離地在一起了」，即使是在第二次世界大戰期間阿拉貢應徵上了前線，和德國法西斯入侵法國轉入地下之時，阿拉貢也一次次與艾爾莎取得聯繫，團聚在一起，共同從事抵制納粹的反抗運動；就在兩人一度被誤解的時候，他們也都互相支持、互敬互愛。阿拉貢始終保持對艾爾莎的愛，並深深感謝艾爾莎的愛。

早在 1931 年創作的詩集《受迫害的迫害者》中，阿拉貢就有一首詩是題獻給艾爾莎的，此詩描寫詩人與超現實主義決裂後，因為有艾爾莎的愛的滋潤，創作上才有新的開啟。1941 年的《斷腸集》也是獻給艾爾莎的，阿拉貢題獻說：「獻給艾爾莎，我每一次心的跳動都向著艾爾莎。」第二年，也就是 1942 年，阿拉貢出版了兩部詩集《獻給艾爾莎的讚歌》和《艾爾莎的眼睛》。詩人這樣讚美他深愛的妻子：「形容她任何字眼不過分不荒唐 ／ 我用雲錦為她設計了一件衣裳 ／ 我將使天使妒忌她晶瑩的翅膀 ／ 燕子妒忌她的寶氣珠光 ／ 大地的花卉將感到被冷落遺忘」；「……我……搜索枯腸呵嘔盡心血方止 ／ 湊成拙作戰利品向妳奉獻」；「……我的明星我燦爛奪目的明星 ／ 妳怎能讓我安心就寢 ／ 世態炎涼擋不住我向妳獻心」。大作家安德列・紀德稱讚《艾爾莎的眼睛》中提前發表在刊物上的四首以《夜》為題的組詩說：「這是我多時來沒有讀到過的最好的詩。」

從 1931 年至 1982 年，在阿拉貢出版的差不多二十部詩作中，多出現有艾爾莎的名字，有的是部分、有的是全部為艾爾莎而作。他在詩

中盡情讚美了艾爾莎的魅力，傾訴他對艾爾莎的愛，甚至說自己終於成了「迷戀艾爾莎的人」。他還以《迷戀艾爾莎的人》為題，寫出多首詩篇，詩中唱道：「不管妳怎麼做怎麼說／我曾是跟隨妳的影子……不管妳怎麼做怎麼說／我寸步不離妳的腳印……／不管妳怎麼做怎麼說／妳被我死纏住甩不開／妳和我摻雜有往有來／怎捨得我竊取的幸福／扔不下使我顫慄的愛……不管妳怎麼做怎麼說／離世之日已掐指可數／天涯各方的人在敘述／我攤戀在妳的雙膝上／好似一把鬆開的花束／不管妳怎麼做怎麼說」。（本段和上一段的詩句，均引自沈志明的譯文）異常感人地表達了詩人對艾爾莎的至死不渝的愛。

　　阿拉貢對艾爾莎的愛並不限於夫妻間的床第之愛。就在他向好友坦言兩人已經沒有性生活之後，他仍然保持著對她的愛，甚至愛得更為深沉。這是因為如他在為《艾爾莎的眼睛》所作的長篇序言中所又一次表示的，是由於自己有幸得到艾爾莎的啟迪，才得以從迷茫中覺醒過來，並能「透過妳（艾爾莎）的眼睛看清世界，是妳（艾爾莎）使我感受到這個世界，是妳教我懂得人類感情的意義。」也就是在《艾爾莎的眼睛》的結尾所表述的：「在宇宙毀滅、船隻觸礁之後／會有一個美好的夜晚／我會在大海的上空看到熱切的／艾爾莎的眼睛」。

　　心心相印、同甘共苦的愛，激勵艾爾莎和阿拉貢兩人在精神上的溝通得到了昇華，從而在創作上獲得了成功。艾爾莎表現抵抗運動的短篇小說集《第一次衝突花費二百法郎》獲 1945 年龔古爾文學獎；阿拉貢繼續以傳統現實主義的手法創作出《共產黨人》六卷，雖然也有人認為是失敗之作。1964 年，《艾爾莎‧特奧萊和阿拉貢交叉小說集》出版。直至面對衰老挑戰之時，阿拉貢仍然如戴克斯說的，「可以在成功的光環裡去歌頌艾爾莎」：「撕開我的肌膚割裂我的軀體／除天堂外你們還看到什麼／艾爾莎我的光明／你們將那光明比作裡面的頌歌／將她那柔情

／比作一個嶄新的世界」。他不但把對艾爾莎的愛擴大到和對法蘭西的愛糅合到一起，還從艾爾莎身上看到女性的偉大，聲稱「女人是男人的美好未來」。

　　艾爾莎本來身體就比較差，終於在 1970 年 6 月 16 日永遠離開了她深愛的丈夫。在 9 月安葬的那天，天陰沉沉的，冰冷的濛濛細雨，把人的衣服都淋濕了。阿拉貢從一大堆玫瑰中取出一束來，將花瓣一朵朵摘下，放在愛妻的墓上。人們以為這只是象徵性的手勢。可是他又取過另一束、第三束、第四束甚至第七束，不斷地掰下花瓣，一片片放到艾爾莎的墓上。隨後，他不用任何雨具，戴克斯說：「像鐘擺一樣在花堆和艾爾莎的墓穴之間來回走著……毫不動搖地來回走著。」戴克斯認為：「他是在強迫所有在場的人將這時間用來向艾爾莎表示敬意。」

安徒生的珍妮·林德

你們當然都知道，在中國，皇帝是中國人，他周圍的人也都是中國人。……皇帝住的皇宮，是世界上最宏偉的，真的，全是用最精美的瓷磚瓦砌成的……花園裡有各種各樣的奇花異草，在最美的花枝上都繫著銀鈴，發出清脆的聲音……是的，在御花園裡，一切都是非常精細布置的……

許多旅行的人從世界各地來到皇帝的首都，他們極為讚賞這座大都城、皇宮、花園，可是在聽過夜鶯唱後，他們便異口同聲地說：「夜鶯是最好的！」

——林樺譯文

這是丹麥童話家漢斯·安徒生（Hans Christian Andersen）的童話《夜鶯》的開頭部分。在安徒生的童話中，《夜鶯》雖然沒有《小美人魚》、《國王的新衣》等有名，但是，如果知道它是怎麼寫出的，知

珍妮·林德畫像

道是作家獻給他所深深愛著的繆斯，有「瑞典的夜鶯」之稱的瑞典歌唱家珍妮·林德，那麼就會感到這篇童話具有特別的意義，而相信作者一開頭就迫不及待地說「夜鶯是最好的」，實在是在向珍妮訴說他的深深摯愛。

珍妮·林德（Jenny Lind, 1820—1887）生於瑞典首都斯德哥爾摩的克拉拉教區，母親安娜·瑪麗婭·拉德伯格或費爾伯格出身於中產階級家庭，是一家私立小學的教師。珍妮 1910 年與一位海軍上校結婚，有一個女兒。但這段婚姻只持續了一年多。分手後，安娜感到自己經濟狀況和社會狀況都很不穩定，於是就與二十二歲的尼克拉斯·約翰·林德同居，另外生了一個女兒，依父母的姓氏取名約翰娜·瑪麗婭·林德。這個女孩子就是後來的珍妮·林德。

尼克拉斯·林德倒也不是一個毫無素養的人，他有一定的音樂才華，以解釋瑞典 18 世紀偉大詩人和音樂家卡爾·貝爾曼的作品為人所知。也許他使珍妮獲得某些音樂的天賦。但他只愛交友、狂飲，完全沒有責任心，不管安娜一直稱自己是他的「林德夫人」，他也不念在心上。孩子生下之後，他就一走了事，把家交給了安娜。

安娜沒有經濟能力養活孩子，於是在珍妮還只有一歲的時候，就把她交給斯德哥爾摩北郊索倫蒂納的一位風琴手和教區執事卡爾·費恩達

爾寄養。珍妮到四歲時回來，但沒過幾年，安娜就把她扔下，自己帶著她的大女兒移居瑞典東南部的林科平。這次是一對沒有孩子的夫婦，以外祖母的名義帶著珍妮與她們共同生活。

珍妮小時長得不算漂亮，她在自傳中說自己九歲的時候，是「一個又小又醜又笨，大鼻子、害羞且是長不高的女孩子」。但這隻「醜小鴨」沒有被悲觀的心理所壓倒。她在自己的生活中找到了快樂。她回憶說：「我踩著我的小腳，邊跳邊唱歌」；她還特別喜歡把歌唱給她的小貓聽，在小貓的脖子上圍了一條藍色的絲帶，和它一起玩耍。她也常常獨自坐在窗臺上唱，美妙的歌聲引起許多過路的行人止步諦聽。

老夫婦住的地方是在斯德哥爾摩中心的一座公園旁邊，瑞典「皇家歌劇院」離他們的家不遠。一次，皇家歌劇院芭蕾舞演員倫德伯格小姐的女僕路過這裡時，被珍妮純正清晰的歌聲驚呆了，覺得她實在唱得簡直好極了。她回去之後，便立即把此事告訴她的女主人，並慫恿她，也不妨去聽聽女孩的動聽的歌聲。

倫德伯格小姐聽了女僕的話後，找時間去聽了一下，非常驚訝珍妮竟然有如此美妙的歌喉，相信她絕對是一個天才。她向歌劇院提出，可否安排這個女孩子來皇家歌劇院試唱一次。歌劇院的總管聽了他的建議後問：「她幾歲？」「九歲。」「九歲！」總管不相信，說「這裡可不是幼稚園，而是皇家歌劇院！」但是當他被說服聽過珍妮的歌唱之後，他立即就改變了主意，同意她來，讓她由政府資助學習聲樂。

幾乎在入劇院之後，珍妮・林德就開始登臺，開始當然只扮演一些不重要的兒童角色之類。不過這種鍛鍊，對珍妮來說實際上還很有用的，結果到她十五歲時，就已經發揮出她的音樂天賦，並且在瑞典首都以外也有了一點小名氣。這年，她參加了 18 次演出，甚至首次出現在大歌劇的舞臺上。第二年，即 1837 年，她被提升為正式演員，一年中共登

臺 92 次。

　　珍妮・林德在斯德哥爾摩皇家劇院上演的歌劇中扮演角色一直唱到 1840 年，然後去外地作短期旅行演出。但她覺得，不能老是這樣下去，認為她得繼續深造才對。1841 年 7 月 1 日，珍妮去巴黎，請世界著名的男高音歌唱家、最有聲望的聲樂教師之一曼努埃爾・派特里修・羅德里格斯・加西亞教她。最初，曼努埃爾・加西亞聽了她唱的義大利歌劇作曲家蓋塔諾・多尼采蒂的歌劇《拉美莫爾的露契亞》中的一段演唱之後，不以為然地說：「小姐，你的嗓音過分疲勞，或者你原本就沒有好嗓子，怕是教你也是白費精力。」加西亞的話使珍妮感到極度的痛苦，一下子流下了眼淚。幾年之後，她曾跟德國作曲家費里克斯・孟德爾松說起，這是她一生中最感痛苦的一刻。但她沒有氣餒，她仍然鼓起勇氣，懇求加西亞收她為徒。加西亞勉強答應，說請她先回去，休息一個時期，停止歌唱三個月，甚至連話都得盡量少說，「然後我再聽你唱。」珍妮聽從了加西亞的教導。當她再次去見加西亞時，果然獲得了他的賞識，收她為學生。向名師十個月的學習，對珍妮・林德來說是極其重要的，珍妮衷心感謝加西亞教給她「一些重要的東西」，但她相信自己的天賦，她說，她不想遵循任何人的規則來唱歌，她所努力追求的是要像鳥兒一樣自然地歌唱，她認為，只有唱得最好的鳥兒，才合乎她對歌唱所要求的真實、清晰和傳神。看來，珍妮・林德後來確實做到這一點了。著有經典音樂理論著作《論音樂的美》的奧地利音樂理論家愛德華・漢斯立克聽過後，稱讚珍妮・林德的歌唱「接近最偉大的自然界的美的表現」。他評論她說：「極為精巧地摹仿了鳥兒的歌唱，幾乎超越了音樂的界線，在珍妮・林德的口中，這種婉轉、清脆的歌聲非常美妙迷人。鳥兒歡樂的歌聲透過高超華麗的唱法技巧，給我們帶來樹林中新鮮的、自然的、令人陶醉的感受，真是奇妙無比。」因此，珍妮・林德

描繪珍妮演出的畫作

作為花腔女高音歌唱家，與另外兩位歌唱家——德國的亨里埃塔·松塔（1806—1854）和義大利的愛德琳娜·帕蒂（1843—1919）並稱為 19 世紀的三位「夜鶯」，珍妮也以「瑞典的夜鶯」而聞名。

「瑞典的夜鶯」珍妮

　　1843 年秋，丹麥首都哥本哈根以極大的熱情歡迎珍妮·林德第一次來那裡訪問演出。這年，安徒生也正好在出版了《即興詩人》、《奧·特》、《不過是個提琴手》和第一部童話集，滿載盛譽周遊歐洲之後，回到自己的祖國丹麥。

　　在此以前，即 1840 年的一天，安徒生在哥本哈根一家旅館看到珍妮·林德的名字時，就相信，這位當時還完全不為人知的女子，是斯德哥爾摩的第一歌手，曾前去拜訪過她。當時，珍妮雖然接待了他，但並不熱情，安徒生甚至認為她的態度「比較冷淡」。這次，是他的朋友，奧古斯特·布農維爾（Auguste Bournonville, 1805—1879）跟他談起

珍妮要前來哥本哈根的消息的。布農維爾是丹麥皇家芭蕾舞團的編導，同時也是一名演員，他的瑞典夫人，是珍妮的好朋友。布農維爾還告訴安徒生，說珍妮曾經跟他說起過，她親切地記得安徒生的名字，還讀過他的著作。布農維爾希望安徒生與他一起去看這位歌唱家，請他幫助，竭力勸說她加入到他的皇家劇院來。這就促成安徒生可以與珍妮再次見面。

　　珍妮・林德在哥本哈根的首次演出是扮演德國歌劇作曲家賈科莫・梅耶貝爾歌劇《惡魔羅貝爾》中的艾麗絲。《惡魔羅貝爾》描寫吟遊詩人拉姆鮑特向一群騎士宣稱魔鬼羅貝爾是由惡魔與一女人所生。恰好這時羅貝爾本人也在聽眾中間，於是他狂怒不已，要殺死拉姆鮑特，只因有他的胞妹艾麗絲對他的愛，才使拉姆鮑特得以倖免。

　　演出中，珍妮是完全進入到角色的心理世界去了。她女高音憂傷的純音洋溢在劇場的空間，歌聲毫無人工雕琢的痕跡，讓人感覺是出於自然的力量。安徒生深深為珍妮的艾麗絲的形象和她的歌聲所感動，並「在她身上看到那夜鶯的形象」。他後來在《自傳》中以最親切、最崇敬的語言回憶說：「珍妮・林德在《惡魔羅貝爾》中扮演艾麗絲的第一次演出，就像是在藝術王國裡的一次新的展示，青春、清新的聲音打動著每個人的心靈；這裡，起作用的是純真和天性，洋溢著思想

安徒生畫像，1836 年

和智慧」；認為「她在哥本哈根的演出創造了我們歌劇的歷史的新時代」。安徒生深深表現出對珍妮的讚賞：「沒有什麼能夠削弱珍妮·林德在舞臺上表現出來的偉大的印象，除了她自己的人格。……由於珍妮·林德，我第一次感受到藝術的神聖，經由她，我學到了一個人在為上帝的效勞中必須忘記他自己。從未有過一本書，或是一個人，比珍妮·林德對我產生更佳、更崇高的印象。」他把她看成是「一位聖潔的貞女的形象。」

於是，在布農維爾家的一個晚會上，安徒生與珍妮見面了。

在這次見面時，安徒生的傳記作者，丹麥的斯蒂格·德拉戈爾寫道：雖然「第一眼看上去她並不美麗，一張一般的臉，寬顴骨，又白又亮的臉，凹陷的眼睛，亞麻色的頭髮蛇一樣蜷曲著。但在她說話的時候，她的不凡就很明顯地顯現出來了。她兩眼發光，在她的聲音和動作中，都有著某種磁石般吸引人的東西，輕鬆、敏捷，是一個舞蹈家做具有的特徵。」（馮駿譯文）當布農維爾把安徒生介紹給她的時候，她溫柔地向他伸出手，馬上談起他的著作。

隨後，珍妮坐向鋼琴，為夜晚的聚會者們唱一支瑞典的民歌。她的歌唱，聲音中的圓潤、細微的變化和哀歌式的音調，使得客廳裡充滿了一種情感上的美妙。但安徒生「覺得，她是在為他而唱」，心中產生一種微妙的想像。

「我墮入情網了！」安徒生隨後在日記裡這樣承認。他的日記多處提到了珍妮·林德的名字。那些天，他們兩人有過多次的見面：他寄花、寄詩歌給她，和她一起騎馬車遊玩，還為她介紹一家兒童救濟協會，安排一場音樂會義演。珍妮對他顯得溫柔而坦率。但是對於安徒生表現出的對她的愛，珍妮只是在一次為她餞行的宴會上舉杯感謝安徒生的時候，特地含蓄地說：「我希望在哥本哈根有一個兄弟，您願意做我的兄

弟嗎？」安徒生明白她的態度。但他的感情仍在熱烈沸騰。

　　文學史和作家傳記的大量例證表明，完美的愛情帶來的只是幸福的婚姻，而不得回報的愛情才激發作家創作出感動人心的作品。

　　對珍妮的苦澀的愛，萌發在安徒生的心底。既然不能再在所愛的人面前表達，那麼只有讓自己作家的筆來表達。「美妙的親愛的夜鶯，我是多麼想描寫你！」這是安徒生的心聲。他決心要用最美好的字句來描寫珍妮的歌聲，她那像林中的夜鶯自然地流淌出來的歌聲，湧滿心頭的奔放的情感，和當時的情景相呼應，讓安徒生萌發出創作的熱情，創作出一篇非常獨特的童話。《夜鶯》是安徒生在 1943 年的 10 月 11 日至 12 日兩天裡完成的。它既是一篇給孩子看的童話，又是一篇引發成人思索的小說。像許多作家常有的那樣，它讓安徒生在作品中重溫和再現了一次不再存在的愛。

　　《夜鶯》中的夜鶯是一隻生長在海邊花園林間的灰色的夜鶯，是王國裡「一切東西中最美的東西」。只是當時沒有立刻為宮廷裡的人所知曉，相反，他們把外國的人造夜鶯看成是「高等皇家的夜間歌手」。牠的優美歌聲，幫助皇帝從死神那裡奪回了生命。但牠並不企求皇帝允諾的任何報答，牠善良的心地甚至阻止皇帝想「把那隻人造夜鶯撕成一千塊碎片」。牠唯一的期望就是讓牠回到原來生活的大自然中去，為一切需要牠的人歌唱，也包括皇帝在內。深深愛著珍妮‧林德的安徒生就這樣，以她作為主角夜鶯的原型，把她描繪成真、善、美的化身，深沉地表達了他對珍妮的情懷。

　　安徒生的一生，沒有得到珍妮‧林德的愛，也沒有得到別的女性的愛，但是一個半世紀以來，凡是讀過《夜鶯》的人，都會想起他和珍妮‧林德兩人之間曾經有過的這麼一段獨特的、純潔的感情經歷。

愛倫・坡的維吉尼亞・克萊姆

Eleonora ！一聽這發音，清脆悅耳，一個那麼動聽的名字，就讓人想到與它的擁有者一樣，是一個美麗的少女。美國詩人和小說家愛德格・愛倫・坡（Edgar Allan Poe, 1809—1849）在作品中給他作為原型的表妹，他的妻子和繆斯用這麼美的名字命名，可見他對她是出於多麼的愛。

愛倫・坡雖然生在波士頓一個普通演員的家庭，卻曾經有一個也許還算顯赫的家系。

愛倫・坡的祖父娶的是英國

愛倫・坡

海軍上將麥克‧布萊德的女兒為他的妻子；將軍的兒子、未來作家的父親大衛‧坡愛上了英國女演員、以美貌著稱的伊莉莎白‧阿諾德，最後跟著她走了，並與她結了婚。他的外祖父在獨立戰爭中還做過陸軍軍需司令。他的這些祖上，結交的也都是英國的高貴家族。不平常的血統使愛倫‧坡不論外貌、姿態、動作、神情，都顯得優雅而高貴。他的前額很寬很高，稍稍有些隆起，透露出他驚人的才華；他漂亮、聰慧、通常是蒼白的臉上，結實的鼻子底下，一張小巧的嘴巴，雙唇微微翹起，浮著淺笑，又顯示出貴族式的高傲；他那雙陰沉而明亮的眼睛，放射出神聖的光，蘊藏著豐富而深刻的感情和思想；他身材矮小，手腳帶有一種女性的嬌嫩，有時候看起來好像很瘦弱，但他十分健康，而且強壯，使人感到他全身具有不尋常的力量，能夠適應或者忍受驚人的淡泊。這一切都使人永遠難忘。了解他的人說，愛倫‧坡在所有事情上都是一個愛美的人，他具有把一間茅屋變成一座宮殿的天賦和藝術。

但是母親死後，愛倫‧坡就被交給他的教父、商人約翰‧愛倫收養。愛倫曾去英國接受古典教育，1826 年返回美國，入維吉尼亞大學十一個月，學習了希臘文、拉丁文、法文、西班牙文和義大利文。後曾有一個短時期在西點軍校任職，並先後在《南方文學使者》（1835—1837）、《伯頓紳士雜誌》（1839—1840）和《格雷厄姆雜誌》（1842—1843）當過編輯。1845 年《烏鴉》一詩的問世使他一舉成名，他的小說又使他被認為是美國哥特式小說和偵探小說的創始人。

主要由於繼父在經濟上的吝惜，加上其他方面的原因，使愛倫‧坡最後與他感情破裂。於是他離開繼父，去與姨母共同生活。善良的姨母瑪麗亞‧克萊姆已經寡居多年，靠教書度日，正與兒子和女兒住在一起，還照顧她丈夫前妻生的幾個孩子。愛倫‧坡第一次去姨母家是 1829 年，那時他的養母剛去世兩個月，他從部隊退伍回來，就在姨母家住了

愛倫·坡的摯愛，維吉尼亞·克萊姆

幾天，感受到姨母對他的關切，心中就把她當作母親看待。他想像，自己已經失去的母愛，只有從姨母身上能夠找到。

愛倫·坡在姨母家住的時間可能不長，但這是一個重要時期。前一次在姨母家時，姨母的女兒維吉尼亞·克萊姆還是一個年僅九歲的小女孩，他對她自然沒有產生過什麼特別的情感。如今，他的這位表妹臉孔圓圓的，面色蒼白，頭髮黝黑，體態豐滿，且語言柔和，性情溫順，已經出落成一位美麗、迷人又富有魅力少女了。愛倫·坡開始深深地愛上了她。

因此，當一次姨母寫信告訴他，說他的堂兄弟，當時已經成為著名新聞記者的尼爾森·坡表示要為維吉尼亞的教育負擔一切費用，還說要給她一所住宅時，一下子就使愛倫·坡陷入絕望與狂亂之中，並與尼爾森結下了仇恨。他立即給姨母寫了一封長信。因為他懷疑姨母樂於接受尼爾森的饋贈，便在給「曾經愛過我的」的姨母的信中，以指責的口氣批評她傷了他的感情，是太殘忍了。他告訴姨母：「你知道，我深情地摯愛著維吉尼亞。我無法用言語表達出對我親愛的小表妹——我鍾愛的人熾熱的愛」。他幾乎絕望地在信中狂叫：「維吉尼亞！不能去！不能到你認為可能舒適，也許幸福的地方去……」在信的最後，愛倫·坡要

求，希望維吉尼亞能給他寫一封親筆信來，並哀嘆說：「我可能死去——我的心要碎了……」（文剛等譯文）

無疑，維吉尼亞對愛倫・坡也懷有感情。他的求愛起了作用，不久，兩人祕密結婚，時間是 1835 年 9 月 22 日。正式的結婚儀式則是在第二年 5 月舉行的，謊稱新娘已有二十一歲，雖然實際上只不過十四歲。大約就在這年的 10 月，愛倫・坡與維吉尼亞，以及他姨母三人，一起找了一所公寓住了下來，白天去上班做編輯工作，夜晚在家寫作小說；

夏天，他們便臨時去鄉間待一段時間。姨母成了家庭的主婦，操持全家的生計，幫這對年輕夫婦燒飯，料理雜事；還代表女婿起草或書寫信件，聯繫他作品的發表。被愛倫・坡親暱地稱為「西西」的維吉尼亞生性羞怯而靦腆，她非常珍重自己與愛倫・坡的真摯感情，她對任何的事都不表示看法或意見，更不做什麼決定，她只是簡單地完全聽從丈夫和母親。一家雖然經濟拮据，生活仍然過得還是十分和睦。

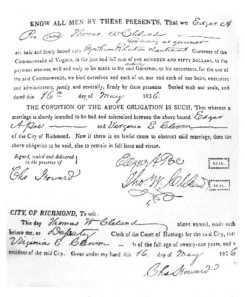

愛倫坡和維吉尼亞的結婚證書

只是，僅靠一點微薄的稿費收入，愛倫・坡還是十分貧窮的。但凡是來過他家的人，對他家和他家的人都留有極好的印象。此處周圍一片田園，風景優美。房前房後像是一個小小的花園，花卉盛開；房舍爬滿了葡萄藤和其他藤蔓，一片蔥綠，令人流連。室內，傢俱陳設相當簡樸，甚至是簡陋，但頗雅致，且分外整潔，一切都很得體，散發出一股

幽雅的香氣。愛倫‧坡喜歡把客人帶到家裡來，介紹與他的西西見面。一位朋友稱讚維吉尼亞「是忍讓、美麗、高雅的化身，俊美的面龐總是帶著溫順的笑容，她永遠是用熱情、愉快的神態歡迎來訪的友人。」朋友們也都感受到愛倫‧坡天生的高貴儀態，形容他「漂亮、高雅、像神一樣彬彬有禮」。還有一隻被看成他家庭一員的玳瑁色的大貓，以及在窗前啃著青草的小鹿，都顯得那麼的生氣盎然，使主人和客人喜愛不盡。這一對年輕的夫妻就這麼無比相愛地生活在這樣一個美的環境裡。年輕的詩人像一個被寵壞了的淘氣孩子，對他的表妹、妻子不但是愛，簡直是崇拜。這兩人之間的愛情與信任，以及由此而產生的那種富有詩意的故事，一位熟悉他們生活的人說，「我不論懷著怎樣的信念和熱情來談論它都不為過……我認為她是他一直真正愛著的唯一女性。」

大概，美的東西總都是稍縱即逝的，不盡快消逝怎能顯出這美的珍貴和值得珍惜呢？西西——愛倫‧坡的美麗的西西很快就像鮮花似的枯萎下去，愛倫‧坡的幸福的時日結束了。

1842 年 1 月，維吉尼亞因患有肺結核在歌唱時咽喉血管破裂，兩個星期裡，一直陷入死亡的邊緣。以後，她的病情也起伏不定，5 月間雖然好過一些，6 月又有一次吐血。自此以後，病情總未好轉，她只是一天天消瘦下去，從來沒有完全復原過，雖然精神尚可，受到丈夫細緻的關懷和照看，衰弱得有時需要背著她從臥室去就餐。維吉尼亞本人對自己的病，實際上也已經感到絕望了。克萊姆太太這樣描述了他們一家人這段時期的心景：

　　哦，我可憐的維吉尼亞！她活不了多久了！她正一天天消
　瘦下去——因為醫生們對她的病束手無策。如果他們果真能救

活她，那會使她樂死了──因為她太喜歡坡了⋯⋯坡在床上躺了整整一個星期⋯⋯

　　維吉尼亞最後一次露面是愛倫・坡當眾朗誦他最著名的詩篇《烏鴉》之時。維吉尼亞坐在火爐旁邊，看愛倫・坡與幾個女人周旋，蒼白的臉上露出微笑。她知道丈夫喜歡跟女性交往，什麼都逃不過她的眼光。她相信這是他對美的愛，追求的是精神上的美。像平時一樣，她沒有流露出絲毫的不滿情緒。1846 年 2 月 14 日情人節這天，維吉尼亞照例給坡送去一首詩，表達她的深深的愛，詩說：「我希望和你永遠在一起漫步──／親愛的，我的生命屬於你。／給我租一所農舍吧，移栽一棵果實累累的老葡萄樹。／帶著罪和愛離開這個世界吧，／免得和很多人空談度日。／只有愛情帶領我們去那兒──／愛情將醫治好我衰弱的肺部。／哦，我們將度過寧靜的時光，不希望別人來偷看！／我們將悠閒自在，不必左思右想，／向人世間去索借歡欣──／我們會永遠安寧、幸福。」

Ever with thee I wish to roam –
Dearest my life is thine.
Give me a cottage for my home
And a rich old cypress vine,
Removed from the world with its sin and care
And the tattling of many tongues.
Love alone shall guide us when we are there –
Love shall heal my weakened lungs;
And Oh, the tranquil hours we'll spend,
Never wishing that others may see!
Perfect ease we'll enjoy, without thinking to lend
Ourselves to the world and its glee –
Ever peaceful and blissful we'll be.
Saturday February 14. 1846.

維吉尼亞寫給愛倫・坡的詩

　　可能，這裡有一點點暗示性的哀怨，但是總體上看，對丈夫的愛是深沉的，看得出她對愛倫・坡的愛的渴望。

　　三、四個月以後，她的願望實現了。愛倫・坡租來一所獨樓建築的農舍。外面綠草如茵，像毛毯似的平滑，花園裡有一叢叢大麗花，一畦

維吉尼亞患病晚期就待在這農舍裡

畦木犀草，風景宜人；室內簡陋的擺設仍然是那麼的精緻而獨特，鳥籠裡飼養著熱帶珍禽，一片春天的氣息。愛倫・坡和友人可以自如地去室外散步，也可以自在地在室內聊天。但是維吉尼亞未能享受幾天。1847年1月29日，她的病情惡化，第二日就去世了，年僅二十四歲。

　　愛妻的逝世，給愛倫・坡的打擊實在太大了。他先是發了高燒，經常譫語，這部分是由「極度的身心痛苦」引起的；隨後幾個月裡，他更是精神癱瘓。友人來訪時，他強為應對，他們一走，如他自己說的，「就是長夜來臨」。有一天夜裡，據說他從床上起來，到處遊逛，最後來到維吉尼亞的墓前。跟隨他後面的姨母默默地陪著他坐了好幾個鐘點。還據說有一位寡婦使他聯想起維吉尼亞，於是他就每天都去拜望她。不要以為愛倫・坡在妻子死後對性生活有所渴求，傳記作者指出：「他一生對此都看得很淡。」愛倫・坡一貫所追求的幸福，就是他在《阿

倫海姆的產業》一文中說的，是這樣四個基本條件：大自然中的生活，一個女人的愛情，擺脫一切野心，創造一種新的美。他與許多女性的接近，全都是精神上的，他甚至與女人談到結婚什麼的，也只是玩笑話。一次，他又說起要跟某位女子結婚，但他卻喝得爛醉，惹惱了那女子的親人；當朋友們來祝賀他時，他竟毫不在乎地說：「你們可能看見了結婚預告，但請注意，我不會結婚。」法國著名詩人夏爾‧波特萊爾評論說：「他就是這樣借助惡習來擺脫對亡妻的不忠，她的形象一直活在他心裡。」

　　的確，愛倫‧坡始終不會忘卻他親愛的表妹和理想的妻子，他生活中不可缺少的女性維吉尼亞。他很多作品中的女性，都是一個個形象光彩照人，說話有如音樂，但總是受盡疾病的折磨。不需多說，這就是他的維吉尼亞。他的詩作《安娜貝爾‧李》（1849）寫的也是維吉尼亞，他發表在費拉德爾菲亞文學年刊《饋贈》上的小說《埃利奧諾拉》（1842 年）則是從一個獨特的角度寫了維吉尼亞。

維吉尼亞的一束青絲

　　《埃利奧諾拉》以第一人稱敘述男主角青少年時代的一段情史。這人也像作家愛倫‧坡自己一樣，與他的表妹埃利奧諾拉以及表妹的母親生活在「錦秀草茵谷」這麼一個像維吉尼亞去世前那段短時間裡生活的鄉間小天地。埃利奧諾拉也像維吉尼亞，美得出奇，像一位女神：樹幹細高、姿態婀娜的樹木，樹皮斑斑點點閃著銀光，但不如埃利奧諾拉的

臉那麼漂亮；比一切都清澈的小河，不如埃利奧諾拉的眼睛那麼明亮；比什麼都悅耳的水聲，也不如埃利奧諾拉的嗓子那麼動聽……十五年來，男主角和埃利奧諾拉兩人手挽著手在山谷中四下徘徊，漸漸滋長了愛情。後來有一天，埃利奧諾拉噙著眼淚，向她所愛的人透露了她的一件心事：她感到人總有一死，想自己紅顏薄命，有如蜉蝣；所恐的是在她死了，將她安葬在「錦秀草茵谷」之後，她所愛的他便會出走在外，永遠離開這可愛的山坳，不再對她迷戀，而去愛上外頭的某一個女子了。這人聽了埃利奧諾拉這充滿深情的傾訴之後，就立即跪在她的腳前，向她發誓，說自己絕不忘情於她帶給他的幸福，若是真有不測，他也絕不再娶；「如果日後背誓，必定遭盡恐怖透頂的懲罰」。埃利奧諾拉聽了這保證，就安心了，等待著死亡的到來。不久，她真的瞑目死去。若干時日之後，男主角不知不覺間來到一座陌生的城市，「如火如荼、可卑可恥的愛慕之情」使他迷戀上了一位體態輕盈、嫵媚美貌的少女歐曼迦德，並和她結了婚，「也不怕賭神罰咒的報應，報應的痛苦也沒有臨到我的頭上」。只有一次，一天，在夜深人靜之際，他房間裡那扇格子窗的外面，突然傳來幽幽的吁喟，他聽起來非常熟悉：「願君安眠！——愛神乃萬物主宰，君熱戀伊，歐曼迦德，因而免罪，不復追究君對埃利奧諾拉所立誓言，其中原因，日後升天，當見分曉。」……

　　文學史家指出：「美婦人的死」永遠是愛倫・坡作品的主題。

　　愛倫・坡作為一位詩人，詩中古怪、奇特、病態的形象和憂鬱的情緒打動過眾多的讀者和聽眾；他著名的詩篇《烏鴉》悲嘆逝去的愛人，表達了作者的絕望情緒，被認為可能是美國人所寫的最好的詩。愛倫・坡作為小說家，所寫的七十篇小說，故事大部分都發生在哥特式怪異的環境中，如倒坍的寺院，野外的墓穴，萊茵河上的古堡，衰落家族黑暗的密室，或者新娘的洞房。隨著情節的展開，在朦朧淒慘的氣氛中，屍

體排成了行，描寫了超自然的恐怖、神祕和死亡、殘忍和罪行、願望和宿命……這不僅是由於作家總是希望透過怪異來表現流血的魅力，還與他親愛的維吉尼亞的長期患病和別他而死所帶給他的無限悲痛有關，要表達一種死亡的至美。批評家把愛倫・坡這些作品中的大部分分為恐怖小說和推理小說兩類，並認為它們為美國的推理小說開了先河。

但是《埃利奧諾拉》卻與其他小說不同，它既不是推理小說，也不是一般意義上的愛情小說，又不同與作家別的恐怖小說。《埃利奧諾拉》是以一種獨特的情節表現了死亡、愛情與至美關係的詩性小說。

死亡是一切生物、一切人的不可避免的歸宿，是人一生所必然經歷的過程。這使死亡成為以表現人為對象的文學、藝術的一個老小尊卑、人人不可抗拒的比喻性主題。愛情作為生命創造的基礎，是物質的，是人類最美好的感情的花朵和最美好的事物的結晶；同時，愛情又透過一系列相關意象的變型，使自己顯示出人類精神的神祕性。但由於社會外在的干擾和人們心理的衝突，加上自然界生物因素的原因，會導致情人的一方甚至雙方死亡，使愛情作為人類本性的一個方面，會像大自然每年四季時令的變換一樣出現永恆更替，並使愛情與死亡在某種程度上獲得了必然的連繫，以雙重的哀傷、悲痛和震驚力量吸引作家、藝術家，被當做文學、藝術的「永恆主題」。

《埃利奧諾拉》中的愛情與死亡，不同於文學史上的很多作品，是為的尋找導致主角死亡的原因。在這篇小說裡，作家塑造了一位維吉尼亞式的至美的女主角埃利奧諾拉，她不但具有無比的形體美，她的心靈更是達到了至美：她擯棄任何個人的考慮，一切以所愛之人的願望為自己的希冀，即使失去所愛之人的愛，也一如既往，深深地愛著自己原來之所愛。在她的透明的心中，唯有所愛之人之所愛，絕無半點自己之所求，因為所愛之人之所愛即是她自己之所求，這才使她願意發出「願君

柏亞姆‧肖為《埃利奧諾拉》作的插圖

安眠！……君熱戀伊，歐曼迦德，因而免罪，不復追究君對埃利奧諾拉所立誓言」的允諾，雖然不免也帶一點憂鬱。可以想像，愛倫‧坡創作這篇小說時是多麼懷念至美的維吉尼亞，和她與他的至美的愛情，以及美的非人為的被毀滅，來引發讀者的哀傷、悲痛和震驚。當愛倫‧坡深夜獨坐在維吉尼亞墓前的時候，讀者不由會想到，他是希望像在《埃利奧諾拉》裡那樣，能聽到逝去的維吉尼亞的親切的聲音。所不同的是，他並不希望維吉尼亞寬恕他會有什麼背誓。

巴爾札克的「歐也妮」

　　素有「小俄羅斯」之稱的烏克蘭是一片一望無際的平原，讓人覺得與外面的距離異常遙遠，似乎相隔兩個世界。一個有文化素養的女子，生活在這裡，縱使物質上應有盡有，精神上總感到空虛。埃芙麗娜・澤烏斯卡（Ewelina Rzewuska，約 1805—1882）嫁到這裡之後，就是這樣的心情，何況她的丈夫要比他大二十三四歲。

　　埃芙麗娜出身於波蘭望族，祖先一個個名聲顯赫。她是父母七個孩子中的第四個，兄弟姐妹都有才有貌，如兄弟亨里克是民間文學家，大姐卡洛琳娜是絕頂漂亮的美女，婚後還跟伊凡・維特將軍、詩人普希金和亞當・密茨凱維奇（Adam Mickiewicz）調情。埃芙麗娜雖然略顯肥胖，但體態健美，模樣迷人；她從小就受家系和宗教倫理薰陶，父親還以伏爾泰的理性主義教育她。她會法語、英語和德語，又愛好文學，特別是具有一種西歐人的優雅情趣，把教養有素的社交活動看成是自己生活中不可或缺的部分。

　　埃芙麗娜是在 1819 年個性充溢青春活力的時候嫁給附近一個叫

瓦斯拉夫·漢斯卡

瓦斯拉夫·漢斯卡（Wacław Hański, 1782—1841）的貴族。這是兩個有錢家屬的聯姻，而不是愛情的結合。雖然夫家的領地達到 21,000 公頃，養有 3,035 多農牧，包括 300 名家僕；莊園是法國建築師設計的，裡面擺滿來自世界各地的奢侈品，如倫敦和米蘭畫廊的名畫，中國的餐具，還有 25,000 冊各種語言的圖書。

漢斯卡白天的大部分時間都用在管理莊園上，晚餐後，他就覺得太疲勞了，不去陪伴妻子，而要早早休息。他性格又憂鬱，總是生活在鬱悶之中，以致埃芙麗娜稱他為「藍魔」。正如一位傳記作者所指出的：「他愛夏娃，但他沒有真的深愛她。」所以埃芙麗娜雖然生活在富裕之中，但她發現她與這新的生活格格不入，尤其在感情上與她丈夫有太大的距離。

最初的五年裡，這對夫妻生了五個子女，其中四個在幼兒期就死了，只有倖存的女兒安娜才帶給夏娃歡樂。漢斯卡夫人相信那個來自瑞士納沙泰爾的年輕家庭女教師亨麗埃特·博雷爾會把這個孩子照顧得很好。

漢斯卡的莊園是與外界隔絕的，夏娃討厭那些來他們家的貴賓，覺得自己和他們沒有什麼共同之處。她渴望的是跟他弟弟亨里克討論問題時所享受到的刺激。她的時間大多都用在閱讀她丈夫從遠方進口的書本

上，這些書本的作者中，最讓她著迷的是法國小說家巴爾札克。

　　歐諾黑・德・巴爾札克（Honoré de Balzac, 1799—1850）是法國中部圖爾城一個中產階級家庭的兒子，父親曾在路易十六和拿破崙手下任文官四十多年；母親原來的家是巴黎的一名製造商。歐諾黑・德・巴爾札克最初是在法國中央大區魯瓦—謝爾省旺多姆的奧拉托利學院就讀，拿破崙垮臺後，他們全家簽到巴黎，又上了兩年學，然後在一家法律事務所當了三年辦事員。他醉心於文學創作，起初寫悲劇，未獲成功，改寫小說也沒有引起人們的注意。轉向經商，但不論是做出版商還是辦印刷廠或鑄字廠，都遭失敗，結果到了 1828 年，負債累累、瀕臨破產。於是他又決心回到文學創作的道路上來。自此，經過十年默默無聞的筆耕之後，巴爾札克在 1829 年第一次署真名出版了一部長篇歷史小說，表明作者自以為已經找到自己的創作道路。果然，這部以布列塔尼地區舒昂黨叛亂為背景、描寫貴族私生女德・韋納伊小姐和叛軍首領德・蒙托朗侯爵的命運多舛的作品為他贏得了一些名聲。漢斯卡夫人被這部作品中的故事吸引住了。德・韋納伊小姐原是被督政府派進叛軍中來的，後來卻愛上了叛軍的首領。而當兩人沉浸在愛情的幸福中時，侯爵卻震驚地發現，他所愛的這個女人原是要來殺他的，愛情不過是她的一種手段。但她死裡逃生，未能受到懲罰，又一步步設計報復。

巴爾札克雕塑，羅丹作品

當計謀終將達成時，卻發現，自己原來仍然深愛著對方。可是事情已經無可挽回，結果兩人雙雙死去。

漢斯卡夫人對女主角為愛情所驅使去保護要將自己置於死地的欲望對象的描繪十分著迷：這位作家怎麼如此了解女性的心理？這是她以前從來沒有讀到過並受到深深感動的。她對這位作家一樣在 1829 年出版的另一部諷刺和嘲弄做丈夫的、讚美女人德行的小說《婚姻生理學》也十分欣賞。但是在她 1831 年讀了他剛出版的小說《驢皮記》之後，她又覺得作家缺乏以前獲得成功的那種細膩情感了。於是，

漢斯卡夫人畫像

在與她的兩個外甥女和博雷爾小姐交談過之後，幾個人產生了一個共同的想法，便在 11 月 7 日署名「一個外國女子」（L'Etrangere）寫了一封神祕的信給這位法國作家。信中說：「閱讀您的作品時，我的心戰慄了。您把女人提到她應有的崇高地位，愛情是她天賦的美德，聖潔的表現。我崇拜您那值得讚嘆的敏感心靈……」她稱他是「一個對人的心靈深刻了解的超人」。

巴爾札克是在 1832 年 2 月 28 日收到這封寄自奧德薩的信的。

巴爾札克從年輕時代起就渴慕榮譽和愛情。雖然在榮譽方面一直不如心願，但先後總有幾個情婦。但近兩年來，事情又反過來了：創作甚至獲得了世界性的的盛名，但德‧帕爾尼夫人已經向他表示，該終止他

們之間保持十年的關係了；德‧阿布朗泰斯公爵夫人又使他感到厭倦；與德‧卡斯特利夫人的關係卻始終只能停留在熾熱的友情上，而向埃萊奧諾‧德‧特魯密利小姐的求婚，卻遭到拒絕。於是，在他想像這個「外國女子」定然不但青春、貌美，且定有一筆巨大的財富和一個年老的丈夫之後，便立即做出回應，在《法蘭西新聞》上登了一則啟事，說他收到了這封信，可惜未被漢斯卡夫人注意到。於是，巴爾札克又在 1832 年 12 月 9 日的《每日新聞》上再次刊登啟事：說是給巴爾札克先生的信已經收到，但「不知如何作覆」。就這樣接上了關係，並經幾次訊息往返，希望見面之後，這個「外國女子」終於透露了身分，表示允許直接通信。最後漢斯卡夫人告訴巴爾札克，她和她丈夫要去歐洲旅遊、看看度過她童年時代的維也納；還會去她女兒家庭教師的家鄉納沙泰爾，說是她和他可以在這裡見面。巴爾札克立即同意，並開始做旅行準備。

1833 年 9 月，巴爾札克偷偷背著德‧帕爾尼夫人，在為出書去法國東部貝桑松物色廉價紙張之後，跨過國界進入瑞士，在「鷹隼酒店」以「德‧安塔格侯爵」之名登記入住。他寫信給漢斯卡夫人，說他會去他們旅居的「安德列酒店」的花園看她。隨後，9 月 25 日，巴爾札克就在這離法國邊境最近的瑞士避暑勝地、景色幽美的納沙泰爾湖湖畔與漢斯卡夫人第一次見面。

可惜一直有漢斯卡先生在旁，使他們兩人只相處了幾分鐘，更不能有什麼表示情感的話語。但他的確被她的美驚呆了。而她呢，則立即寫信給他的兄弟，說巴爾札克「就像你一樣的開朗和可愛」。

在隨後的五天裡，漢斯卡夫人和巴爾札克又見了幾次面，她丈夫也對巴爾札克有好印象，邀請他和他們一起用餐。在去往瑞士西北比爾湖的旅途中，一次韓斯基去安排用餐時，讓他妻子一個人和巴爾札克單獨

巴爾札克和漢斯卡夫人第一次見面的地點

留在一起。在一棵大榕樹的樹蔭下，這對情人親吻，互表忠誠的誓言。她跟他說了他們去日內瓦過耶誕節的計畫。巴爾札克說會在年前再去看她。後來她給他所住的旅店發去一封信，說：「壞東西！你在我的眼中沒有看到我所有的渴望嗎？不必擔心，這一切欲望都是一個戀愛中的女人所尋求挑起的。」

　　巴爾札克在 12 月 26 日聖誕夜到達日內瓦，在「米拉波大廈」近旁漢斯卡家賽季入住的「弓弩客棧」待下。漢斯卡夫人在這家飯店留有一個戒指送他，這戒指套在一個小袋子裡，另外還有一綹她的黑髮。留條上再次要求愛的承諾。他寫給她說，他要把戒指戴在左手，這樣「我把它按在稿紙上，就感到妳緊緊地抱著我。」此後，這兩個戀人每天都相互報告自己的生活和思想，並經常祕密約會，有時在瑞士，有時在奧地利。但是在 1841 年 11 月德·漢斯卡先生去世之後，德·漢斯卡夫人仍

舊沒有表示與巴爾札克結婚的意思。直到又了七年，巴爾札克的健康已經非常差了，且德·漢斯卡夫人本人也懷有他的孩子，兩人才於 1850 年 3 月 14 日在烏克蘭別爾季切夫城的聖·巴巴拉教堂完婚。五個月後，巴爾札克即在孤獨中病逝。

德·漢斯卡夫人和巴爾札克的愛情，常受到同時代人和學者的非議，主要是說埃芙麗娜·澤烏斯卡性格多疑，感情波動大，尤其是在丈夫彌留之際，她都沒有留在他身邊，簡直是冷酷無情。但是在巴爾札克來說，儘管不能否認，他對愛娃的愛很大程度是出於一種虛榮心，覺得自己能擁有這麼一個貴族出身的女子，是莫大的榮耀。但他給德·漢斯卡夫人的 460 封滿懷激情的信，其中不少都是長信，說明他對妻子的愛是無可懷疑的。他甚至把她看成是賦予他創作靈感的「繆斯」，他小說中理想的女性原型。

將現實生活中的真實人物，尤其是熟悉的男女作為原型寫進作品，是許多作家常用的創作手法，也是巴爾札克所常用的方法之一。有研究說到，巴爾札克的幾個情婦和熟悉的女友，幾乎都曾被他作為原型寫進《人間喜劇》的各類小說中，其中漢斯卡夫人可說他創作時用情最深、最專一的。

在膾炙口的小說《歐也妮·葛朗台》（Eugénie Grandet）（1833）中，巴爾札克就懷著極其深切的情感，寫進了自己對於漢斯卡夫人的無盡的愛。

在《歐也妮·葛朗台》（傅雷譯文）的開頭，有一段「獻給馬利亞」的題獻，說是她的肖像「最能為本書增添光彩」、她的名字有如「賜福的黃楊枝」那樣「永保常青」。那麼，這個「馬利亞」到底是誰，曾有不少的猜測，傳記作者和研究人員的看法大多都集中在巴爾札克寫作此書時認識或有過接觸的幾個女子：如很有葛朗台特點的讓·尼

韋盧的漂亮女兒，那兩年裡成為巴爾札克情婦還生下過一個女兒的瑪麗‧德‧弗勒內依，以及德‧漢斯卡夫人和她的表妹瑪麗‧波托斯卡伯爵夫人，等等。

不錯，要創造一個像歐也妮‧葛朗台這樣世界文學中近乎典型的女性形象，作者可能會吸取現實生活中不止一個原型人物形象的多方面外貌和性格上的特點，但是近期的研究相信，歐也妮的最主要的原型是德‧漢斯卡夫人。

巴爾札克在《歐也妮‧葛朗台》中這樣描寫它的女主角歐也妮：「……高大壯健的歐也妮並沒有一般人喜歡的那種漂亮，但她的美是一望而知的，只有藝術家才會傾倒的。」這可以說是作為藝術家的巴爾札克自己對德‧漢斯卡夫人的直感。確實，據同時代人回憶，德‧漢斯卡夫人身材並不苗條，甚至有點粗壯，雙臂也比較豐腴；她額角很高；眼睛又像深度近視，彷彿罩了一層翳。正如一位傳記作家說的「只是一個貌不驚人的女人」。但是，在通過半年多的信之後，出現在朝思暮想中的巴爾札克面前時，愛的情感使他覺得她竟有一種「勾人魂魄」的美。作家懷著無限的深情把漢斯卡夫人的外貌移植到歐也妮的身上。巴爾札克並不回避描寫歐也妮「身材結實」、「脖子滾圓」這些壯健的形體，更沒有將她改裝成傳統浪漫主義崇尚女主角的病態美外形。相反，他把這種外形當作他心目中的美來描繪，說這種結實壯健使他覺得「高雅」，「有點靈秀之氣」，甚至說她的大腦袋和「帶點男相」的前額也「很清秀」，充滿智慧；甚至說她的「額角下面，藏著整個的愛情世界，眼睛的模樣，眼皮的動作，有股說不出的神明氣息」，使人「感覺到它那股精神的魅力」。

是的，歐也妮與她堂弟的愛和他自己與德‧漢斯卡夫人的愛不同。這是因為小說的布局和基本情節在作家與德‧漢斯卡夫人進入熱戀之前

就已經構思好，作家沒有再按照自己與漢斯卡夫人之間的愛情進程來重構這部小說。但是他與德·漢斯卡夫人之間的這一新關係在幾年之後的《阿爾貝·薩瓦呂斯》中仍舊獲得了表現。作家在給德·漢斯卡夫人的一封信中曾寫到創作這部小說時的情感：「……現在是早晨 6 點，我打斷了自己的工作來想妳，我把《阿爾貝·薩瓦呂斯》的場景安置在瑞士，這使我想到了妳——瑞士的情人。」在這部小說中，巴爾札克把自己1833 年 12 月去瑞士日內瓦德·漢斯卡夫人居住的別墅去拜訪她的情節寫進了阿爾貝·薩瓦呂斯給阿爾蓋奧洛夫人的信中，而且這信與巴爾札克寫給德·漢斯卡夫人的一些信，內容都十分相似。

巴爾札克用漢斯卡夫人的錢為她購置的別墅

最能展現德·漢斯卡夫人作為歐也妮的原型的是巴爾札克在《歐也妮·葛朗台》中安排的一個情節。

一直來，巴爾札克的經濟狀況都非常拮据，而不得不接受德·帕爾

尼夫人等人的資助。1833 年 9 月他與德‧漢斯卡夫人第一次見面後，德‧漢斯卡夫人不願看著他所愛的人不斷陷入經濟困窘的境地，希望幫助他擺脫困境。但是這次，巴爾札克拒絕了。他在給德‧漢斯卡夫人的一封信裡說到此事：

> 親愛的天使，我一千遍地感謝您的及時雨，感謝您的慷慨；……當讀到　您的令人愉快的信時，我真希望把我的手伸進海裡，撈出海裡全部珍珠，把 它們編綴在您那烏黑的秀髮上……

巴爾札克所說的「珍珠」就是指他要用字字珠璣的作品，作為一分感激德‧漢斯卡夫人的禮物，像一件佩戴在她秀髮上的飾物獻給她。於是他就在《歐也妮‧葛朗台》「情人起的誓」一節中寫下這樣「一個崇高的場景」。

「情人起的誓」一節寫到：暗暗愛上堂弟夏爾的歐也妮，出於熱情和好奇，在夏爾熟睡之時偷看了他寫的信。從信中，歐也妮得知，夏爾因為父親破產自殺，不但財產分文丟失，還成了孤兒。他決心從深淵中爬起來，上印度或美洲去找發財的機會，可惜苦於沒有旅費……歐也妮感到自己有能力幫助自己所愛的人而深感愉快。於是她將自己多年的積蓄，總計價值 5,800 至 6,000 法朗的古老的葡萄牙金洋、西班牙金洋、熱那亞幣、荷蘭杜加、印度盧比和法國拿破崙幣，全數送給了他，「是為了把黃金丟入愛情的大海」。為回報堂姐的饋贈，夏爾交托她一件「和性命一樣寶貴」的寶物，他父母親的兩幀飾有珠子嵌在手工精巧的鑲金匣子裡的微型肖像。

　　不難看出，巴爾札克是懷著對德·漢斯卡夫人的一片真誠來寫這個「崇高的場景」的。在上面引到的給德·漢斯卡夫人的信中，巴爾札克解釋說：「……歐也妮將她的財產送給了她的堂弟，她堂弟作出了回答；在這種事上我要對您說的要比這優雅得多。……請別以為在您所知道的我拒絕接受您天使般饋贈的金子的原因中有絲毫的驕傲和虛偽之情。」這是真的，不管在任何情況下，不管德·漢斯卡夫人如何對待他；有人甚至說到，對於巴爾札克，「實際上，她幾乎是個毫無心肝的人」，巴爾札克始終都是那麼熱烈地愛著她。

　　除了《歐也妮·葛朗台》之外，在《鄉村醫生》中，巴爾札克給主角、感情上受過重傷的貝納西醫生所深愛的那位女孩取的名字就是德·漢斯卡夫人的愛稱「夏娃」；他還把《塞拉菲達》題獻給她，用的也是德·漢斯卡夫人的真名和閨名；另外，在創造小說《幽谷百合》中的德·莫爾索夫人和《假情婦》中的克萊芒蒂娜·拉金斯基伯爵夫人時，讀者也可以看到，這兩位主角的形象中都有著德·漢斯卡夫人的身影。

　　少女歐也妮·葛朗台心靈高尚，性情溫順、貞潔賢淑，她是那麼傾其一切地愛著夏爾，最後卻被夏爾所拋棄，後又在三十三歲之時成了寡婦。她的命運是十分感人的，這是世界文學中異常令人喜愛和同情的美麗女性形象。巴爾札克在 1834 年 8 月 11 日給德·漢斯卡夫人的信中說道：「我的夏娃，我親愛的美人，一個人必須愛著，才能寫出歐也妮·葛朗台那樣的愛，那是一種純潔的、無限的、驕傲的愛！」確是如此，巴爾札克正是由於對德·漢斯卡夫人懷有這種「純潔的、無限的、驕傲的愛」，他才能以他的繆斯漢斯卡夫人為原型，寫出歐也妮的愛。他完全有理由如他自己所期望的「為此而得到讚賞」。

歌德的瑪麗安娜和烏爾里克

　　人的激情是不能以年齡來界定的，愛並非只是年輕人的專利，尤其是對心中充溢著青春活力的作家、藝術家來說，他們往往如偉大詩人威廉・莎士比亞在一首《十四行詩》中寫的，讓所愛的人「認為我是個無知的孩子，／不懂得世間種種騙人的勾當。／於是我就妄想她當我還年輕，／雖然明知我盛年已一去不返……」（梁宗岱譯詩）

　　這樣的作家藝術家不在少數，西方許多著名的作家，他們的創作史就像是他的愛情史，其中德國大詩人約翰・沃夫岡・馮・歌德（Johann Caspar Goethe, 1749—1832），可能是最突出的一個。歌德一生愛過的女子不在少數，甚至到了晚年，仍不減對女性的愛；而這種女性確實也成為他的繆斯，一次次激勵他創作的靈感。直到暮年，歌德仍從幾位女性那裡獲得創作的靈感。

　　瑪麗安娜・馮・維勒美爾（Marianne von Willemer, 1784—1860），原名瑪麗安娜・榮格，她生於奧地利，從小跟隨母親在林茨的一個芭蕾舞團裡做一名小演員。銀行家約翰・雅各・馮・維勒美爾（1760—

馮·維勒美爾

瑪麗安娜·馮·維勒美爾

1838）認識她後，於 1800 年將她接進他家，讓她和他的孩子們一起受教育。1814 年 9 月 27 日，瑪麗安娜和約翰舉行婚禮，成為他的第三任妻子。

　　維勒美爾是歌德的好友，曾在婚禮的前幾週和瑪麗安娜一起前往威斯巴登拜訪歌德。瑪麗安娜雖已年屆三十，還是像一支鮮花，美麗、溫柔而性感。她像是逗人似的，在見到歌德時，便將受神給他，使歌德與她第一次見面之時，即被她所吸引。隨後，歌德前去維勒美爾在法蘭克福格貝米爾的避暑別墅回訪這對未婚夫婦，並在兩人婚禮之後不久的 10 月 11 日再次拜訪。

　　1815 年 8 月，歌德又去了他們維勒美爾的府邸，待了一個半月，還在那裡度過他 66 歲的生日。期間，瑪麗安娜很興奮地給大家彈琴、唱歌，歌德也興趣盎然地朗誦自己的詩作，表明歌德對這位年輕的夫人已經產生強烈的愛情，但只是克制住。

9月初，離別時，歌德曾寫詩贈送瑪麗安娜：「只有本人是個大賊子，／才能編出竊賊的故事。／我砸開我心扉上的鐵鎖，／讓無暇的激情飛出心窩。」出乎意外，第二天，他竟然收到瑪麗安娜的和詩：「……我要使竊賊躲過法庭的審判，／……但是賊呀你拿什麼做酬謝？／快整個把你的愛情奉獻！……」

歌德與維勒美爾夫婦相約，一週後在海德爾堡相見。

9月15日，歌德將這座古城花園中的一片銀杏樹葉送給瑪麗安娜。他認為，這種銀杏樹葉形狀像扇，當中有一缺口，好像是兩片葉子連在一起，故稱「二裂葉」，使歌德聯想到情感之二合一，覺得具有象徵意義。9月23日，歌德有機會指給瑪麗安娜看海德爾堡園中的這棵銀杏樹，27日又將一首貼了銀杏葉子的詩《二裂葉銀杏》寄給瑪麗安娜。詩共三段十二行：「從東方移到我園中的／這棵樹木的葉子，／含有一種神祕的意義，

66歲的歌德

歌德的《二裂葉銀杏》手稿

／使識者感到欣喜。／／它是一個生命的本體，／在自己內部分離？／還是兩者相互間選擇，／被人看成為一體？／／我發現了真正的含義，／這樣回答很恰當：／你豈沒有從我的詩裡／感到我是一，又成雙？」（錢春綺譯詩）從詩中不難看出歌德對瑪麗安娜的愛。是瑪麗安娜賦予他靈感，激勵他寫出這樣的詩。瑪麗安娜也接受了歌德的愛，寫了一首《東風之歌》回贈歌德，說是東方吹來的風，治好我心靈的傷痛，要趁心中的烈火還未熄滅，「我要把熱吻一千次迎接」。老詩人手接瑪麗安娜的詩稿，深深感到，是把一個可愛的有才氣的女子變成為真正的詩人，激動異常。但是，歌德意識到，這是他們最後一次見面。於是，兩人互相起誓，以後每逢月圓之夜都要互相思念。於是，歌德在當年寫了《月圓之夜》一詩，甚至到了去世前四年的 1828 年，還寫出《給上升的滿月》一詩：「現在你已經無影無蹤。／／可是你知道，我多麼難過，／請露出你的星體的邊，／證明我是被人愛著，／即使愛人離我很遠。」成為他對瑪麗安娜永遠無盡的懷念。後來，他把瑪麗安娜的這首詩和另外四首放進自己的詩集《西東合集》裡。《不列顛百科全書》稱瑪麗安娜不只是歌德的「活的繆斯」，「也許還是他所有情人中最使他滿意的一個，她在精神上是那樣同他合拍，甚至能夠參與又《西東詩集》中若干詩篇的創作。」

但歌德的愛是永不熄滅的。

歌德因健康關係，常要去溫泉療養。他一生去波西米亞十七次，去馬里恩巴德三次。

1821 年 7 月，歌德第一次去馬里恩巴德溫泉，在萊韋佐夫夫人的住宅租下一處居所。夫人原名阿瑪莉・馮・萊韋佐夫，是宮廷典禮官梅克倫伯格的未亡人。她有三個女兒，最大的烏爾里克・馮・萊韋佐夫（Ulrike von Levetzow, 1804—1899）美麗又文靜，不但身材苗條、優

雅，長一對沉著鎮定的藍眼睛，還具有快樂而純真的天性。她正是老詩人心中所愛的女子。有趣的是，她這年正好是十八歲這一「有意味的年齡」，又恰好是歌德愛上的第十八個女子。

在馬里恩巴德的幾天裡，歌德讓烏爾里克陪他散步，愉快地聽她給他讀英國小說家瓦爾特‧司各特的作品。離開後的幾個月，歌德給她寫信，向她表達他的感情，說她是他的「女兒」，而他則是她的「可愛的爸爸」。

1823 年 2 月，歌德心包出現炎症，發燒多日，有幾次甚至昏迷過去。她非常擔心自己可能會死。後來得到了恢復，於是他去馬里恩巴德療養，調劑身心。

歌德在 7 月初到達馬里恩巴德後，除同行中魏瑪小公國的執政者卡爾‧奧古斯特公爵外，正好義大利威尼斯公國的親王盧茨騰伯格公爵三世，路易‧拿破崙、也就是未來的皇帝拿破崙三世等人都在。在這裡，歌德又再次見到了烏爾里克。這次他和烏爾里克是非常熟悉了，他已不再以「老爸」，而是以另一種眼睛來看這個美麗的烏爾里克了。發自內心的愛使歌德處處設法迎合烏爾里克，向她獻殷勤。在浴場的林蔭達道上，一聽到她到來的聲音，歌德就會站了起來，像一個熱戀中的年輕人，不顧這些有身份的人在場，要忙著前去迎接。雖然再過兩個月就是他 74 歲的生日了，但歌德覺得自己身幹挺立，充滿活力，眼睛明亮富有光澤，只是黃黑色的頭髮中有少許銀絲。詩人不但深愛這位少女，並且急於要娶她為妻。

可是烏爾里克卻還不到二十歲。考慮到自己已經是魏瑪公國的內閣首相，實際上此前的樞密院參事官的職務也仍然時時擺脫不了。以這樣的身份，親自直接去向一個女孩子求婚，合適嗎？與他的私人醫生祕密商議之後，他就委託卡爾‧奧古斯特，這位當年聘他來他公國任職的公

爵大人去跟烏爾里克的母親為他說情，由她母親再去與她女兒商談。

　　卡爾‧奧古斯特公爵肯定是應歌德之請履行了自己的使命，但沒有資料顯示萊韋佐夫夫人是如何答覆的。烏爾里克後來承認，她是願意嫁給歌德的，只要她的母親答應：痴情的女子！但是，她的母親答應了嗎？看來，她不願意，她採取的是拖延的策略。

　　歌德繼續密切注視烏爾里克，期待著她的答覆。大約一個星期後，他聽說烏爾里克一家已經離開馬里恩巴德，去了卡爾斯巴德。於是，在焦躁不安中，他又趕了數十里，跟隨到了卡爾斯巴德，整整一天伴隨在烏爾里克身邊，晚上還與她的家人坐在一起，或者觀賞烏爾里克跳舞。到了 8 月底，仍舊沒有得到明確的答覆，他感到不會有成功的希望了。該如何讓自己的焦慮平靜下去呢？

　　歌德作為一位開創德國浪漫主義的詩人，他富有激情，愛一切美的事物，也愛美麗女子。但他有理性，能用「自我克制」來約束自己的行為，當他意識到自己的某些情感和欲望偏離社會準則時，他能勇於「斷念」（Entsagung）如他在自傳《詩與真》中說的，設法將它「轉化為一幅畫，一首詩，並借此來總結自己，糾正我對於外界事物的觀念，並使我的內心得到平靜。」（劉思慕譯文）1765 年，歌德愛上了酒店店主的女兒凱特馨‧舍恩科普夫，兩年後，由於他的懷疑和妒忌，將這段愛情破壞了，於是，他寫了牧歌劇《情人的脾氣》，在「沉痛懺悔」中恢復了內心的平靜。1772 年，歌德在一次舞會上認識並愛上了夏綠蒂‧布夫，可是夏綠蒂已經與人訂婚，她能給予歌德的只有友誼，於是，歌德便離開了她，並透過創作《少年維特的煩惱》，使自己的心「歸於愉快自由」。1775 年，歌德認識了夏綠蒂‧馮‧施泰因夫人，並深深地愛上了她，甚至相信他們「前世是夫妻」，但是施泰因夫人要求他保持純潔的友誼，以達到心靈的契合。因此，歌德只好默默地忍受著深沉的痛

苦，在創作《托爾夸托·塔索》中讓自己的感情得以「昇華」。對瑪麗安娜·馮·維勒美爾的愛也這樣。

如今，面對萊韋佐夫夫人的態度，他知道，他也只能是「斷念」。1790 年，歌德曾以文藝復興末期最偉大的詩人托爾夸托·塔索的生平為題材創作同名戲劇，描寫塔索在政治和個人生活與他自己類似的景況下陷入極端的痛苦時，歌德劇作的結尾為塔索寫過幾句臺詞：「……一切都消逝了！──留下的只有：／大自然賜給我們的眼淚，還有／痛苦的喊叫，當人們最後被逼得／忍無可忍──而我，還勝似別人──／自然還給我留下韻律和詩句，／讓我痛苦時傾訴滿腔的煩惱。／別人在痛苦時悶聲不響，／神卻讓我能說出我得煩悶。」（錢春綺譯詩）

「別人在痛苦時悶聲不響，／神卻讓我能說出我得煩悶」。是的，這正是作家、藝術家勝過他人的優越權利。歌德以前這麼做，現在也可以這麼做，而這也是老詩人內心無法抑制的需求。於是，就在 1823 年 9 月 5 日離開卡爾斯巴德，經埃勞山區回魏瑪時，在馬車上，一股湧發的激情，讓歌德一口氣寫成了他最著名的詩篇《哀歌》（綠原譯詩），即通常所稱的《馬里巴德哀歌》，將自己得不到安慰的情感，在作品中向「神」傾訴。

雖然「甜得要命的最後一吻」已「將綿纏而美妙的情網斬斷」，歌德仍然怎麼也忘不了她那「何等輕盈而窈窕。明亮而柔婉，／像從莊嚴雲層飄出天使的法相，／從薄霧裡冉冉升起一個苗條的身段……」；忘不了「面對她的目光，有如面對太陽的韋烈，／面對她的呼吸，有如面對陣陣春風」；但是，「一切」都「失去了」，「那就淚如泉湧吧，讓它不斷地流」……此刻，他唯一能夠自我安慰的就是：「別人在痛苦時悶聲不響，／神卻讓我能說出我得煩悶」。

隨後，他又花了幾天時間，用羅馬字把詩稿端端正正地抄在堅固的

仿羊皮紙上，用一根絲綢繩把它們縛定在一隻紅色的摩洛哥羊皮書套裡，像聖物似的珍貴地保存好，不讓任何人看到它。

儘管如此，歌德的情緒還是無法盡快恢復。身邊的人為他從柏林請來他最親密的朋友、曾為歌德的詩配過曲的作曲家和鋼琴家卡爾‧策爾特 (Carl Friedrich Zelter)，安排了一場音樂會。策爾特一遍又一遍地為老友朗誦他的這首詩，歌德總是一遍又一遍地諦聽。歌德在心情平靜下來之後寫信對策爾特說：「你那充滿感情、柔和的嗓音，使我多次領悟到我心中愛得多麼深沉……我對這首詩真是愛不釋手……所以你就得不停地念給我聽，唱給我聽，直至你能背誦為止。」（舒昌善譯文）10月27日晚，以其優美的琴聲和她在聖彼德堡的沙龍而聞名的波蘭女鋼琴家瑪利婭‧席曼諾夫斯卡在歌德家舉行的音樂會上，為歌德演奏，極大地撫慰了詩人的悲痛的心，也讓全體客人陶醉。

愛情──繆斯──靈感！歌德的愛情儘管都充滿悲歌，但若不是有這些激發悲歌的繆斯，一次次賦予大詩人靈感，世界文學寶庫中就不會有如此感人的詩篇！

馬雅可夫斯基的麗莉

　　這是一個猶太人的家庭，但完全不同於那些沒有文化的窮苦猶太人。尤利‧卡岡在離開家庭學習法律、成為一名律師之後，就放棄了正統的猶太教，遷居到莫斯科市中心的一處時髦地段，業務是為音樂家簽訂合約，還負責奧地利使館的法律事務。妻子葉連娜‧尤利耶芙娜‧別爾曼富有音樂才華，經常在家裡舉行音樂晚會。這個家，生活舒適、幸福又富有教養：寬敞的住宅，好多個僕人，暑假裡有條件外出旅遊；孩子們物質享受優渥，晚上在音樂聲中入睡，全家洋溢著濃重的文化氣氛。但父母對 1891 年生的頭一個女兒，愛稱叫「麗莉」的麗莉亞‧尤里耶夫娜（Lilya Brik, 1891—1978）是過於寵愛了，助長了她的嬌氣和任性，甚至還很年輕的時候，她就覺得自己理應具有別人所沒有的特權。五年後，第二個女兒艾爾莎（Elsa）誕生。

　　麗莉和艾爾莎都長得很漂亮，大衛‧布林柳克、費爾南‧雷捷、亨利‧馬諦斯和馬克‧夏卡爾等都曾為她們畫過像；兩人後來都因成為大詩人的繆斯而聞名：艾爾莎與法國的路易‧阿拉貢結婚；麗莉做了弗拉

麗莉和艾爾莎兩姐妹

馬雅可夫斯基，1922 年

基米爾・馬雅可夫斯基的情婦，被巴勃羅・聶魯達稱做「俄羅斯先鋒派的繆斯」。

馬雅可夫斯基原是一個來自偏僻的山區格魯吉亞的窮孩子。他十五歲參加了俄國社會民主工黨，因從事地下活動多次被捕。1909 年在獄中開始寫詩，出獄後進莫斯科藝術學院學習，並加入俄國的未來派，不久成為該派的主要人物。

青年時代的馬雅可夫斯基，才華洋溢，體格強壯，儀表英俊瀟灑，有無窮無盡的精力。他渴望愛情，渴望有甘願冒險的少女投入他的懷抱。1914 年 1 月，他和其他的未來派詩人去奧德薩朗誦詩篇時，愛上一位他認為是被他的詩感動了的少女瑪麗婭・亞列克山大洛夫娜・傑尼索娃。但是很快，他就發現，瑪麗婭是一個追求生活享受的女性，窮詩人馬雅可夫斯基不可能為她所看中。遭瑪麗婭拒絕後，馬雅可夫斯基懷著失戀的悲痛，把這段

情感經歷寫進他的長詩《穿褲子的雲》。他繼續尋求理想中的愛情，尋求有一個安適的處所。一次，在一位朋友家裡，當時還在學校念書的艾爾莎見到了馬雅可夫斯基。艾爾莎雖然很喜歡詩，但對這個寫詩的人，卻一點也不了解，只覺得他還不讓她討厭，心底裡甚至有點喜歡他；對於馬雅可夫斯基常打電話給她，也沒有進一步想過是不是要與他發展關係。後來，兩人偶然在街上又一次碰面了。馬雅可夫斯基微笑著要求艾爾莎允許他去看她。艾爾莎看他穿一身檸檬色的繡花長禮服，戴一頂大帽子，結一條黑領帶，搖晃著一根手杖，樣子相當滑稽可笑，而且想父母也不會贊成他們的關係；但不知怎麼的，當時竟答應了他。於是，馬雅可夫斯基就一次又一次來她家了。

1915 年 7 月的一天，馬雅可夫斯基去艾爾莎的姐姐麗莉和姐夫奧西普·勃里克住的公寓去找她。艾爾莎剛好不在，只有麗莉一個人，全身穿的都是黑色的服裝。馬雅可夫斯基像是根本沒有想到她是在為她不久前病逝的父親服喪，不假思索地輕易問道：「您瘦多了，出什麼事了？」麗莉覺得這個人情感太不細膩，缺乏應有的禮貌，臉上露出不快的神情。但他似乎根本沒有意識到，自己此刻來她家會不會引起她的不快，而堅持要給她朗誦一首短詩。於是她盡可能有禮貌

麗莉，1906 年

地對他說，雖然她從來沒有讀過他的詩，不過她還是願意來讀一讀，如果他隨身帶有他的詩。馬雅可夫斯基高興了，掏出一首他剛寫成的短詩《媽媽和被德國人殺害的夜晚》。麗莉讀完詩後，覺得的確寫得不錯，但她故意不作任何評論。天真的馬雅可夫斯基沒有注意她的神態，反而問她：「妳不喜歡嗎？」麗莉又故意回答說：「沒有什麼特別的！」

一個星期後，馬雅可夫斯基又來到這個公寓。這次艾爾莎正好也在。

艾爾莎向來喜愛詩，甚至把詩看成是人生的一件大事。在馬雅可夫斯基第一次給她朗誦了他的詩之後，她就簡直是不知饜足地要他唸詩給她聽。現在，這位詩人來到她的面前，她就懷有一種欽佩之心，竭力說服和懇求麗莉和奧西普，堅持要他們好好聽聽馬雅可夫斯基朗誦他的詩。由於艾爾莎的懇求，麗莉第一次不帶成見地去傾聽馬雅可夫斯基朗誦他剛創作的《穿褲子的雲》。

於是，馬雅可夫斯基就從外衣口袋裡掏出一個小本子，翻了幾頁，看了一下，又放回到衣袋裡，深深地陷入了沉思……幾秒鐘之後，突然，他抬起眼睛，環顧一下房間四周，以低沉的，像朗讀散文的聲調，挑釁似地開始朗讀這首詩。他從自己經受過的感情經歷出發，懷著特有的情緒，用詩的語言敘述了自己與瑪麗婭的那段痛苦的愛情：詩人期待瑪麗婭的愛情，可是瑪麗婭的親戚都不喜歡這個只有才華和愛情而唯獨缺錢的詩人。於是，當詩人應約在寒冷的雨夜，從下午4點鐘一直等到晚上10點鐘，臉頰緊貼著窗玻璃，在痛苦的呻吟和抽搐中，等到的卻是瑪麗婭絕情的回答：「您知道嗎？我要出嫁了。」

一切似乎都在沉默中。後來，是勃里克先發表他的感想，說這是他所曾聽到過的最優秀的詩人寫出的最優秀的詩。這使馬雅可夫斯基很受鼓舞，覺得勃里克是真的被他的作品感動了。過了幾秒鐘，他把眼睛轉

向麗莉和愛爾莎，並從勃里克的手中索回那個本子，往桌子上一放，翻開第一頁，帶著請求的語氣問麗莉說：「我可以把它獻給妳嗎？」未經對方同意，便認真地在上面寫下了麗莉的名字。

對麗莉來說，馬雅可夫斯基的朗誦確實也使她感動。她說，這是「我們長久以來夢寐以求、一直所期待的詩」；她甚至覺得，聽過這樣的詩之後，讀別的詩便都覺得索然無味，甚至再也不願讀其他人的詩了。對於這突如其來的奉承，使麗莉很感滿足，但又覺得有點意外，因為他和馬雅可夫斯基兩人之間以前一直相處得並不好，而且麗莉知道，向女性獻媚，一定含有「性」的成分；馬雅可夫斯基原來曾經向愛爾莎求過婚，今天理應把詩獻給她才合乎情理，現在卻要獻給她自己，這是她原來所完全沒有想到的。所以，麗莉覺得不能接受。她婉轉地問：「你怎麼可以把一首原來寫另一個人的詩獻給一位女性呢？」

「不！」馬雅可夫斯基坦率地承認，他在寫這首詩的時候，的確愛著好幾個女人，但他是把「瑪麗婭」作為女性的集體意象來寫的。不錯，詩人最後向麗莉認真地聲稱：「我對許多女子都感興趣，但我從來沒有答應過把詩送給哪一個。我的內心非常清楚，我寫這首詩就是為了獻給妳的！」

馬雅可夫斯基這段發自心底的表白，使麗莉非常感動。這支邱比特的箭，有力地射中了她的心，使她一下子忘掉了以前對他的不好印象，而完完全全屈服於他的感情了。就在此種情感的基礎上，麗莉和馬雅可夫斯基的關係不同以往了，他們的愛情也開始萌發了。

一個溫暖的晚上，幾個朋友相約在公寓聚會，大家喝酒、談天。但是坐下不久，麗莉和馬雅可夫斯基就躲開眾人，坐到窗檻的帷幔後面去，只顧自己兩人親熱交談了。麗莉向詩人表示，她覺得他非常「英俊瀟灑」。馬雅可夫斯基富有柔情地握住她的兩隻手，對她低聲耳語，

表達他的愛，直到她同意第二天單獨到他所住旅館的小房間裡去與他見面。

　　從這次獲得應允之後，馬雅可夫斯基與麗莉開始經常見面，通常是，每天下午，麗莉去他的旅館與他幽會，晚上，則由馬雅可夫斯基來勃里克夫婦的公寓。奇怪的是，奧西普對他們兩人的關係，感情上竟然絲毫沒有表露出妒嫉的痕跡，相反，他對麗莉有一種寬慰之感，完全不因他與麗莉不再有肉體上的親昵而不快或煩惱，作為車爾尼雪夫斯基小說《怎麼辦？》的信徒，勃里克甚至欣然表示，說他和馬雅可夫斯基兩人，同樣完全可以成為「生活上的朋友」。勃里克確實說到做到，他仍然像過去那樣讚賞馬雅可夫斯基的詩作，並幫助他聯繫出版他的《穿褲子的雲》。

　　愛情與事業在同時成長。《穿褲子的雲》於 1915 年 9 月出版，共印了 1050 冊。書印刷得樸素而大方，鮮豔的桔紅色的封面，格外令人喜愛。這是詩人懷著真誠的愛獻給他的麗莉的作品，因此在確定題獻上，他頗費了一番思考。麗莉的名字可以有好幾種愛稱，如麗莉奇卡、麗莉奇札等等，馬雅可夫斯基最初是從幾個不用的愛稱中選出幾個字母，以愛所賦予的靈性創造了一個新的愛稱，叫「莉奇珂」（Личико），這詞作為「臉頰」（Лицо）的暱稱，有「小臉蛋」的意思。

奇特的三角關係

但麗莉不喜歡這個新詞。馬雅可夫斯基又想改用通常正式獻詞的方式：「獻給麗莉‧尤里耶芙娜‧勃里克」。可是仔細想過之後，他只是簡要地題為「獻給妳，麗莉婭」。不過，最讓麗莉感到高興的是，在這些新印出來的《穿褲子的雲》中，有專門為她特製的一本：裝幀特別講究，昂貴的藍色的皮封面，以雅致的白色雲紋綢作襯料，封面上是燙金的文字。麗莉看到後十分喜愛。

雖然麗莉的愛給馬雅可夫斯基的創作帶來靈感，但是這對戀人，兩個在個性上有很大的差異。馬雅可夫斯基天生具有詩人的氣質和詩人的熱情，同時他又正處在青春期，而且是一次次失戀之後的青春期，他對愛情有著更加強烈的渴求。認識麗莉之後，他就毫無保留地深愛著麗莉，愛情使他沉浸在極大的歡愉之中。但他從來未曾想過，如作為女性的麗莉所期望的，要對他們的愛情保守祕密。強烈的占有欲使馬雅可夫斯基時時為獲得這愛情而驕傲，這種心理不但不時會表露出來，有時他還故意要讓朋友們知曉他這愛。同時，他對這愛也有更高的期待和要求，他的受過創傷的心再也不能因重新失去這愛而流血了。

而從麗莉的這段時間來看，雖然應該說，她確實也是愛馬雅可夫斯基的，但是從小就有的那種優越感，使她認定自己不能除丈夫之外為另一個人所占有──非正式婚姻的占有。出於這種心理，麗莉不願公開張揚他與馬雅可夫斯基的愛情，也不喜歡馬雅可夫斯基發瘋似的表達感情的方式。出於類似的原因，麗莉雖然已經與奧西普不再存在肉體上的親密，卻仍然願意跟他維持家庭關係，她只希望暗地裡與馬雅可夫斯基相愛。因此，很長時間裡她表面上都仍舊與馬雅可夫斯基保持距離。她不用馬雅可夫斯基的名字弗拉基米爾的愛稱叫他「沃洛嘉」，也不像他稱她那樣地叫他「你」，而總是以一般人常用的禮節性稱呼，叫他「弗拉基米爾‧弗拉基米洛維奇」，稱他「您」。麗莉的這種態度，使馬雅可

夫斯基從一開始與她接觸起，心裡就產生不踏實的感覺，覺得她對他的愛不真誠。後來，麗莉雖然改變了對他的稱呼，感情上也有了提升，馬雅可夫斯基仍始終覺得她並不只屬於他一個人。特別是，麗莉的任性而又固執的脾氣，有時，她在馬雅可夫斯基面前表現得嫵媚而迷人，有時不知怎的，一下子又變得十分冷漠，簡直令他感到氣憤。馬雅可夫斯基為她的這種難以捉摸的關係而苦惱萬分，覺得自己簡直像是舞臺上的一個失卻愛情、處在絕望之中的可憐的情人。

為獲取麗莉的歡心，馬雅可夫斯基決意改變自己原來那種放蕩形骸的生活方式。這使麗莉十分高興，她也非常樂意幫助他做到這一點。此前，這個終身未娶的男人，獨身生活，沒有一個正常的家。現在，有了麗莉的愛，他十分樂意聽從麗莉的安排，剪去他的長頭髮，又去洗了個澡，並由麗莉陪著去找牙醫師，為他殘缺的牙齒重新鑲上新的。麗莉還強迫馬雅可夫斯基脫去作為他未來主義象徵的黃色短外衣和繡花的長禮服，幫他買來做工精巧的新服裝。這樣的裝束，馬雅可夫斯基自己也很滿意，為了合配，他甚至自己去要來一支手杖。馬雅可夫斯基這種他自稱為「一半被馴化了」的新模樣在他 1915 年 9 月與麗莉一起合拍的那張照片上可以明顯地看出來。照片上的馬雅可夫斯基，完全像是另外一個人：代替未來主義浮誇服裝的是整齊的襯衫和領帶，外面是時髦的花呢大衣，還戴了一頂帽子，顯得年輕、快活而富有精神。他右手搭在溫柔微笑的麗莉的肩上，兩人親密地依偎在一起。這是他們兩人拍下的第一張照片，馬雅可夫斯基一直珍貴地保存著這張照片，把它看成是自己的護身符。在這段日子裡，馬雅可夫斯基還為自己每天下午都要與麗莉一起度過的房間作了一番精心的修繕，在裡面裝點了鮮花，並且預備了麗莉所喜愛的蛋糕，竭力使房內具有一種儀式化的性質。

情人間的感情增強後，他們兩人交換了象徵愛情的信物——戒指。

馬雅可夫斯基和麗莉第一次拍的照片

麗莉送給馬雅可夫斯基一個大印戒，上面刻有他名字的首字母；馬雅可夫斯基給麗莉的是一個環狀金戒。愛情賦予詩人以靈感，雖然金戒上設計的也是麗莉名字的首字母，但這三個字母聯結起來特別有意義。根據俄語語法，縱使省去主語，光從一個變化過的動詞上，仍然可以看出動作或行為主體的人稱和數。現在，馬雅可夫斯基給麗莉的環狀金戒上循環刻上麗莉‧尤里耶芙娜‧勃里克（Лиля Юрьевна Блик）的首字母 ЛЮБЛЮ—ЛЮБЛЮ—ЛЮБЛЮ—ЛЮБЛЮ；這 ЛЮБЛЮ 即是俄語動詞「любить」（愛）的第一人稱單數的大寫。於是，這麗莉全名的循環首字母就既有「我愛」、「我愛」、「我愛」、「我愛」的意思，也包含了「我愛莉‧尤‧勃」、「我愛莉‧尤‧勃」的意思，表達了贈送這信物主體的強烈的愛，而且因連續的關係而暗含了他對接受者「不斷的愛」、「反覆的愛」和「持續的愛」的意思。這個戒指上鐫刻著的就是 ЛЮБЛЮЛЮБЛЮЛЮБЛЮ 的字樣，戒指的內環則刻贈送者他自己的愛稱「沃洛佳」。

　　像往年一樣，聖彼德堡 1915 年初秋的 9 月，白天很長，不熱也不

冷。馬雅可夫斯基開始創作他獻給麗莉的詩《脊柱長笛》。這是一首表現愛情的瘋狂和痛苦的男性抒情長詩，詩中的人背負著無法壓制而又不能昇華的愛的欲望，用的是譫妄狀態下的語言，表現了馬雅可夫斯基在這愛情的陰影下痛苦的精神狀態。然後詩人宣稱，他對麗莉的愛是真摯而強烈的。歌德德國人的葛麗卿、小仲馬法國人的茶花女這些「幾百年來受人咀嚼的玫瑰色的柔情蜜意」，他已經「顧不得」，而只願一心一意地「在新的人兒腳前拜倒在地」。他歡呼：「麗莉——被染飾成／火紅色的人兒，我歌唱妳。」縱使幾個世紀把鬍鬚染成白色，只剩下「你和我」，他也是一個「從一個城市到又一個城市追逐你的我」……到那時，隨後是一連串的排句，以多達四五百字異常新奇的情景和比喻，歌頌他對她的愛。

馬雅可夫斯基寫給麗莉的信

馬雅可夫斯基寫愛情詩，主要是為了奉承麗莉，並滿足她對詩的願望。麗莉一般也是喜歡他的詩的，平時都喜歡聽他朗誦自己的作品，對他的詩也能經常作出肯定的評價。但是對這首「獻給她」的《脊柱長笛》中的歇斯底里情緒，她表現出了不屑一顧的態度。

但馬雅可夫斯基並不在意。他繼續在詩作中也在生活中對麗莉表達他深沉的愛。在信中，他會一連串用「魅力無窮的」、「令人銷魂的」等等 21 個形容詞

來讚美麗莉，還會連續寫上16個「吻你」，或者是「吻你1,000萬次」，整整畫上許多個零，或者說「吻你100000005678910」，「一分鐘吻你320萬次」等等。

問題是，像馬雅可夫斯基這種熾熱的、近乎瘋狂的感情表達並不討每個女人的歡心，麗莉就不喜歡。這有時反而把事情弄得更加複雜了。

雖然馬雅可夫斯基在創作《脊柱長笛》時在表達自己的絕望情緒的同時，寫了許多頌揚麗莉的話，給她戴上美麗的「掛冠」。但是麗莉不但不喜歡，反而感到生氣甚至感到憤怒，因為他覺得自己已經被他的愛搞得筋疲力竭了。緊接1916年5月寫了以麗莉的愛稱為題的《麗莉奇卡》之後，馬雅可夫斯基又創作了新的愛情長詩《唐璜》。為表達對麗莉的愛，一天，在兩人一起沿著大街散步的時候，他突然出乎意外地向麗莉大聲朗讀起這首詩來。又是愛，又是愛！麗莉覺得簡直膩透了，非常生氣。於是，馬雅可夫斯基也像發瘋似的，從衣袋裡取出這詩的原稿，把它撕得粉碎，讓一片片紙屑在茹科夫大街上隨風飄忽。後來，1921年12月，由於馬雅可夫斯基在一次演講中公開談到一些他與麗莉之間的私生活，更引起麗莉極大的不快，兩人發生爭執。12月27日晚，先是麗莉主動提出，也得到馬雅可夫斯基的同意，從第二天，即12月28日起開始，兩人分居兩個月。他們商定，在這兩個月中，各人都冷靜思考兩人間的關係，彼此不直接交換或轉交信件和日記。

麗莉，1921年至1922年

　　在這持續的兩個月中，馬雅可夫斯基的確一次都沒有去看過麗莉。不過他有好多次躲進樓梯間，從麗莉房間的窗戶爬進去，寫信給麗莉和留紙條，又送她鮮花、書稿和籠鳥等禮物，為的是暗示她，想想如今的他就猶如籠中的鳥兒。與此同時，馬雅可夫斯基在 1922 年 2 月的上半個月完成了他獻給麗莉的長詩，由麗莉全名的首字母組成的 *ЛЮБЛЮ*（《（我）愛》）。他在詩的手稿上寫了這麼一句話：「給親愛的小貓，不算解釋和書信。」一改此前的消沉情緒，全詩洋溢著愛情和生活的歡樂。這可能是馬雅可夫斯基的長詩中最明快、最樂觀的一首。另外，他還在另一首寫明是「獻給她和我」的長詩愛情詩《關於這個》，於 1923 年 2 月 11 日最後完成。

　　1923 年 2 月 28 日下午 3 時，馬雅可夫斯基視為「囚禁的判決」的兩個月到期。清晨 3 時零 1 分，他先寫出兩行字：「黑暗的日子已經過去，贖罪的期限已經結束。」按照原先的約定，他於午後 8 時在車站與麗莉會面，一起去彼得格勒。進車廂後，他便朗誦《關於這個》給麗莉，兩眼迸出了熱淚。

　　1924 年是馬雅可夫斯基和麗莉關係上的轉捩點。有研究者懷疑，在麗莉和馬雅可夫斯基產生感情危機的這段時間，有一位第三者插入。據說馬雅可夫斯基對此事也有所知曉，曾在給麗莉的信中感嘆說：「現在妳是另一個人的，而不是我的了……」但他仍然表示：「不論怎樣，沒有什麼可改變我對妳的愛。」不過，儘管是這麼說，實際上，兩人之間的感情已經受到了影響。

　　艾爾莎曾經說：「這一時期，馬雅可夫斯基很需要愛。」詩人的好友羅曼・雅可布松也曾回憶，馬雅可夫斯基當時曾親口坦率地跟他說過，他不能沒有愛，「只有偉大的、美好的愛才能救我。」事實也如此。這位生活中不能缺少愛的詩人，在感情的荒漠中時刻在尋求別的女人的愛，

塔吉婭娜·雅科夫列娃

常被提到的包括馬雅可夫斯基在 1924 年秋至 1925 年 11 月出訪巴黎和墨西哥、美國時與俄國血統的美國僑民，喬治·瓊斯的妻子葉麗莎維塔·彼得羅夫娜·瓊斯（Elisaveta Petrovna Jones）的關係、甚至生下一個女兒葉琳娜·弗拉基米羅夫娜·馬雅科夫斯卡婭，還有 1926 年與國家出版社的娜塔莉亞·布留赫年科以及與塔吉婭娜·雅科夫列娃之間風流韻事。只是這些感情都不久長，如，馬雅可夫斯基曾祈求雅科夫列娃嫁給他，然後帶她回莫斯科。但對方作出的答覆「含糊而搪塞」，儘管愛情仍在繼續。回國後，他曾想再去一次巴黎找她，苦於處境簽證未能批准，事情也就到此為止了。

馬雅可夫斯基最後的愛是 1929 年認識的莫斯科藝術劇院的年輕演員維羅妮卡·波倫斯卡婭，他希望從她那裡獲得愛的拯救。接觸不久，馬雅可夫斯基便向維羅妮卡求婚。維羅妮卡也為這位詩人的才華和魅力所動。她回答說，她願意做他的妻子，但是目前不行，因為像她這樣一個初出茅廬的演員，進著名的莫斯科藝術劇院可是一件大事，她不能離開劇院，而且暫時還不能離開他的丈夫，加上劇院事務繁多，她只能偶爾抽空與他見面。這導致兩人經常爭吵，這麼一來，維羅妮卡後來就故意避免與馬雅可夫斯基見面，以致他們的關係陷入僵局。

失去了最後的愛，馬雅可夫斯基可怎麼辦？

在眾多女性中，馬雅可夫斯基真正最愛的是麗莉婭·勃里克。他對她的愛是無限深沉的，雖然他知道她對他的「愛」，完全不同於他對她的愛，他仍然需要她的愛，有如一個嬰兒。在分離期間寫的書信體日記中，有 1923 年 2 月 5 日寫的標題叫「我愛你嗎？」的一則。在這則裡，

馬雅可夫斯基畫的麗莉像

馬雅可夫斯基這樣表達了他對麗莉的愛：「我愛妳，我愛妳，不管有什麼事和因為什麼事，我以前愛妳，現在愛妳，將來也愛妳，無論妳對我粗野還是溫存，妳會屬於我還是別人，我都同樣愛妳。阿門。……」但是，在這同一天「你愛我嗎？」的標題下，他則明確地寫道：「妳是不是像我那樣始終不渝地愛我呢？不，妳對我沒有愛……」雖然如此，他仍然愛麗莉，在麗莉不再愛他、不再屬於他之後，仍然深深地愛著她。維羅妮卡·波倫斯卡婭曾因馬雅可夫斯基對麗莉的愛而深感苦惱和傷心，直至她明

白：「從某種意義上說，麗莉婭永遠是他的第一情人，雖然他對她的愛已經成為明日黃花」。甚至在與塔吉婭娜·雅科夫列娃認真相愛之後，馬雅可夫斯基還是忘不了麗莉，總是時刻要說到麗莉，即使與塔吉婭娜在一起的時候，馬雅可夫斯基也毫不顧忌地要買禮物給麗莉。

1930 年 2 月 18 日，勃里克夫婦離莫斯科，先是去倫敦，然後去柏林看望麗莉的母親。24 日，馬雅可夫斯基寫信給他們兩人，而不再像以往那樣只寫給麗莉一個人，在信中，他訴說自己因他們「一下子都走了感到非常孤獨」。接著，他最後的愛，維羅妮卡·波倫斯卡婭也不願與他一起了。波倫斯卡婭後來回憶說馬雅可夫斯基「對我來說好像老了一點。他已經三十六歲，而我只有二十二歲」。他已經和劇院的一個叫利尼諾夫的英俊的男演員好上了。馬雅可夫斯基很嫉妒這個男演員，曾慫恿她離開他，和他自己結婚。但維羅妮卡拒絕了他。

從當時的社會背景看，在馬雅可夫斯基一生的最後幾年，經常遭到人們，尤其像「拉普」（「無產階級作家協會」）等處於領導地位的官僚主義者的貶斥和攻擊，他們貶斥他不過是一個玩弄女性的能手，根本寫不出好詩，「他的個人主義令人受不了」。

安妮和撒母耳·查特斯（Ann & Samuel Charters）在他們撰寫的馬雅可夫斯基和麗莉的愛情傳記《我愛》（*I Love*，這實際上是馬雅可夫斯基的 ЛЮБЛЮ 的英譯）中指出詩人最後一段時間裡心靈所遭受的困惑：「無產階級作家協會對他的態度，政治上的失望，與塔吉婭娜關係的喪失，諾拉（維羅妮卡的愛稱）對他求婚的拒絕，麗莉的離開，還有嗓音造成的苦惱。」這些摧殘詩人心靈的因素，特別是政治和愛情的雙面打擊，使馬雅可夫斯基覺得，他的生活已經「實在是——沒有辦法了」。在這種情況下，對他來說，能走的就只有一條路——自殺。

在馬雅可夫斯基的遺物中，發現有他詩作《放開喉嚨歌唱》的未曾發表過的斷片，其中有這麼幾行：「那是在一天之後。／你一定已經上床。／銀河橫貫夜空。／我不願意／拍發急電／將你驚醒、讓你著急。／正如人們所說／事情已經了結，／愛的小舟／已在生活的暗礁上撞碎。／何況如今／我跟你都不再需要，／何必再提彼此的痛苦、不幸和

不快……」研究者相信，這是寫給麗莉的，其中有些話後來又出現在他的遺囑「致所有的人」中，暗示了自殺和自殺前的心境：深摯的愛和無盡的痛苦交織在一起。

麗莉婭・勃里克曾經說過：自殺是馬雅可夫斯基的「慢性疾病」。自殺確實是馬雅可夫斯基一貫的念頭。麗莉回憶說，「我經常聽到馬雅可夫斯基說到『自殺』這個詞。一點點小事都會極大地影響他的情緒。他最喜歡表述的話就是『腦袋進一顆子彈』。他曾對我說過，他只希望活到三十歲，不要再多。」馬雅可夫斯基不但「不斷地談到自殺」，事實上 1916 年和 1917 年還兩次企圖自殺；另外，自殺和自殺者還是他創作的主題之一。所以麗莉和艾爾莎都老是為他可能自殺而擔心受怕。

1930 年 4 月 14 日晨，馬雅可夫斯基坐了計程車去找維羅妮卡・波倫斯卡婭，要她立刻去他家細談。維羅妮卡順從地跟他去了，但告訴他說，十點半鐘要參加排演，導演聶米洛維奇—丹欽科將出席，她一分鐘也不能遲到。也許這是馬雅可夫斯基最後一次希望挽回他的愛情。但是他的脆弱的神經已經再也經受不了哪怕一點點的刺激。現在一聽維羅妮卡說她又要匆匆回去，感情立刻就又爆發了。進了房間後，他馬上鎖上房門，說他不會放她回去，要她馬上離開劇院、離開丈夫。維羅妮卡解釋說，她愛他，願跟他一起生活，但要她現在就留在這裡，她不能。她保證在劇院排演結束之後直接回家，跟丈夫說清一切，晚上搬到這裡來，和他一起共同生活。但她不能就這樣不告而別，把屈辱載入到自己丈夫的頭上。結果兩人又爭吵了一場。

突然，馬雅可夫斯基彷彿一下子改變了態度，顯然是他已經做出了一個完全不同的決定。在維羅妮卡就要離開、禮貌地問他「你不想送送我嗎？」時，馬雅可夫斯基平靜而溫和地和他吻別，然後深沉地說：「不送了，小女孩，妳自己走吧……對我，妳可以放心了……」但等維羅

妮卡出了房門，還沒有走出幾步，就聽到一聲槍響。維羅妮卡立即一聲尖叫進去時，見馬雅可夫斯基已經倒在地毯上，連叫救護車都無濟於事了。這是 4 月 14 日上午 10 時 15 分。正是這一天，遠在荷蘭阿姆斯特丹的麗莉和奧西普夫婦寄給他最後一張問好的明信片，他們大概不會想到，與他們這明信片相呼應的是馬雅可夫斯基遺書中最後絕望的呼叫：

「麗莉婭，愛我吧！」

毛姆的蘇‧瓊斯

在 20 世紀的英國作家中，威廉‧索美塞特‧毛姆（William Somerset Maugham, 1874—1965）雖然大概算不上是最偉大的，但的的確確是最令讀者喜愛的一位。他的很多小說總是有一個很吸引人的故事，例如他的《尋歡作樂》中的女主角露西。美貌異常的露西‧甘恩年輕時淪落風塵，當過酒吧間的女招待，處境跟妓女差不多。為了擺脫這種生活，她便委身於真摯熱情的作家愛德華‧德里費爾德，但心中仍然忘不了以前的情人、煤鋪老闆喬治‧肯普。數年後，德里費爾德名聲大振，被推崇為當代最偉大的小說家。但露西並不看重他的文名，她仍寄情於他人，跟外科醫師威利‧阿申頓等私通，甚至跟破產了的喬治私奔。德里費爾德後來雖然與露西離了婚，而且另有新歡，卻始終不能忘情於她，常去她工作過的酒吧抒發他的懷念之情。可是這種懷念也只能更加激起他的愁悶情緒，最後終於憂鬱而死。

《尋歡作樂》在 1930 年出版後引起極大的反響。倫敦整個文藝界的全部話題談的都是書中幾個主要人物的原型。人們斷定，作品中的男主

威廉・索美塞特・毛姆

角是以作家湯瑪斯・哈代為原型，他的第二位夫人也是以哈代的第二夫
人弗洛倫斯・達格代爾為原型。他們還相信，小說的故事情節是作家德
斯蒙德・麥卡錫告訴作者的，麥卡錫上中學時住在一幢鄉間別墅，曾見
過哈代。作家休・沃波爾最先讀到此書的清樣時，甚至看出書中那個一
心夢想成為英國文壇元老的阿爾羅伊・基爾，寫的就是他自己，因而膽
顫心驚，徹夜未眠……為此，毛姆遭到猛烈的攻擊，指責他「踐踏湯瑪
斯・哈代的陵墓」，「鞭打裹屍布下面的人」；說小說描寫露西對德里
費爾德極不忠，是對哈代第一夫人「令人遺憾的誹謗」，等等。

對於這些指責，毛姆否認說：不錯，沒有一個作家能憑空創造出一
個人物，他必須有一個模特兒作為出發點。但是等到他將這個人物全部
寫成後，呈現在讀者面前的形象就極少與現實中的原型一樣了。毛姆聲
明，他在塑造愛德華・德里費爾德的時候，他的心中既沒有哈代，也沒
有喬治・梅瑞狄斯或安那托爾・法朗士。這自然是「外交措辭」。但是
對小說中的女主角露西・德里費爾德，毛姆不但不否認，相反，在《尋
歡作樂》作為「現代叢書」出版時，在書的「前言」上，就明確地說到
露西的原型與他自己的感情：

> 我年輕時曾經與一位我在本書中叫她露西的年輕女人關係
> 密切。她有些嚴重的、令人惱恨的過失，但她是美麗的和真誠
> 的。這種關係後來像此類關係所常有的那樣結束了，但是對她
> 的記憶仍一年年縈繞我的腦際。我知道，總有一天我會把她寫
> 進小說裡去。

毛姆是一個雙性戀者。他不但與傑拉德・哈克斯頓（Gerald

Haxton）保持數十年的同性關係，他還也多次的異性情感。

　　毛姆真正的第一個異性戀對像是牛津大學特別研究員阿爾弗雷德特‧亨特的女兒，生於 1862 年的維奧萊特‧亨特。這位女子是在她父親的朋友丁尼生、拉斯金、白朗寧等文人圈子裡成長的，最後出落成一名愛德華時代的美人。她紅褐色的頭髮，黝黑明亮的大眼睛，富於表情的嘴巴，十分動人。毛姆喜歡她身上表現出來的當時最獨特的風格。也許是維奧萊特太過放蕩，與多個男人有染，毛姆和她的交往時間不長。隨後毛姆迷戀上一位年紀很輕的女子，很快也對她不感興趣了。後來毛姆還和流亡英國的著名俄國無政府主義者克魯泡特金的女兒薩沙有過一段曖昧的感情。但是所有這一切都只是逢場作戲。毛姆最愛的女人就是露西的原型人物蘇‧瓊斯，她是毛姆的繆斯。毛姆在這「前言」裡毫不隱瞞地承認，她與他本人有過那麼一種關係，使他久久不能忘懷。只不過毛姆一直沒有公開此人的姓名。是作家的終生朋友、畫家吉羅德‧凱利爵士——很可能就是《尋歡作樂》中為露西畫像的萊昂內爾‧希利爾的原型人物給透露出去的。他曾為毛姆的這個女人畫過速寫和肖像。凱利曾給一位作家朋友寫信說到，他知道他們兩人有過一段熱戀，他猜想毛姆自己後來大概也了解到這個女人的私生活太亂了，至於究竟是他拋棄了她，還是她拋棄了他，他既不知道也不關心，不過凱利證明說：「她是我所認識的女人中最討人喜歡的一個。我認為她是一個絕色美人，不過她有一個缺點。」

　　埃塞琳‧西維亞（「蘇」）‧瓊斯 (1883—1948) 是瓊斯家四個女兒中的第二個，是一名演員。父親亨利‧亞瑟‧瓊斯是維多利亞時代的一位著名的「社會劇」作家，他從《白銀國王》一劇於 1882 年在倫敦首演一舉成名起，一連幾個劇作，使他步入上層社會，他的劇本都顯示出高超的技巧。

毛姆心愛的女人——蘇‧瓊斯

蘇‧瓊斯生於新漢普頓的洛西安洛奇，14 歲開始演劇生涯，在父親的作品中扮演角色，還演過莎士比亞的戲劇。1902 年，她嫁給了演出人蒙塔古‧衛維恩‧萊維奧克斯，但婚姻很不幸，很快就以離婚而告終。1913 年，她又與美國南方鐵路公司的工程師安特里姆侯爵六世的第二個兒子安格斯‧麥克唐奈爾結婚，第二年退離舞臺，去盡一個妻子之責了。

毛姆是 1906 年 4 月的一個下午，在以「慷慨的女主人」而聞名的喬治‧斯蒂文斯夫人家舉辦的一次聚會上見到跟著她父親來參會的蘇‧瓊斯的。蘇‧瓊斯那天穿一件襯衫，戴平頂硬草帽。她的淺金色的頭髮，蔚藍的眼睛，可愛的形體和毛姆所曾見到過的人類中最美的微笑。就在這次聚會中，毛姆第一次見到他的這位繆斯。他後來在回憶錄《一個作家的筆記》中描述她是：「一個雍容而嫵媚的、玫瑰色臉、金色頭髮的女人，眼睛像夏天蔚藍的大海，線條勻稱，胸部豐滿。她多少有點像魯本斯畫中的永遠令人銷魂的海倫娜‧福爾蒙這一類型的女人。」

毛姆完全被她迷住了。在《尋歡作樂》中，毛姆多次描寫到露西‧德里費爾德，也就是蘇‧瓊斯那「天生為愛欲而生的軀體」，來回味她肉體的美。小說描寫她個子高大，皮膚像象牙一樣白皙，淺淺的金黃色的頭髮，梳著流行的髮型，前面堆得很高，留一排精心梳理的瀏海。很

淡很淡的褐色的臉上，她的鼻子稍大了一點，眼睛卻稍小了一點，嘴又很大。她的眼眸有著野菊花的那種藍色，當她微笑的時候，那藍色的眸子會和她那豐滿的、紅潤肉感的雙唇一起，綻出最歡快甜美的笑意。小說還說到她生就帶一種低沉陰鬱的表情，這種陰鬱在她微笑的時候會突然變得特別富有吸引力。她有時穿淺藍色的衣服，有時穿一身淺灰色的裙衣，衣袖寬大，裙子很長，底部是打褶的荷葉邊，看上去非常瀟灑。作家還說她喜歡戴一頂很大的黑色草帽，上面點綴著一大堆玫瑰花和葉子以及蝴蝶結，或者戴一頂插有羽毛的小帽，等等。毛姆這樣竭力描繪露西的美，並相信她的美是在於色彩，說她身上的這種「金黃色彩的確給人以新奇的月光般的感受」；同時她還有「一股夏日傍晚當光線從無雲的晴空中逐漸隱退時的那種恬靜」和「像八月陽光下肯特海岸外平靜、閃耀的海水一般充滿活力。」真是寫盡了他這位繆斯的形體之美。

　　從這第一次相識以後，毛姆就與蘇・瓊斯經常約會見面。於是，終於有一天，他把她帶進了位於聖・詹姆士宮與特拉法加廣場之間的帕爾梅爾街 56 號 A 他的一位朋友住的那幢房子，找到一個單人房間，使她成了他的情婦。《尋歡作樂》第 16 章作家的代理人威利・阿申頓帶露西上床一節，如實地再現了這一情景。那晚，阿申頓陪露西去劇院看過戲後，他穿過聖・詹姆士公園送她回家，他感到露西「像一朵夜間開放的銀色花朵」，在月光下散發出清香。阿申頓吻她時，感覺得到她柔軟的紅唇，平靜而強烈地默默接受他壓上去的嘴唇，「就像一池清水接受著月亮的光輝一般。」在經過阿申頓的住所時，阿申頓邀請露西進了他的住房和臥室。露西溫柔地撫摸他的臉頰，使他十分感動，竟控制不住淚水如泉湧般地流了下來。於是露西也哭了。她用雙臂摟住他的頭頸，「一邊哭一邊吻著我的嘴唇，我的眼睛，我的被淚水打濕的雙頰。後來她解開了胸衣，把我的頭放在她的胸口。她撫摸著我光滑的面龐，她來回搖

動著我，好像我是她懷中的一個幼兒。我吻著她的胸脯，吻著她潔白筆直的頭頸……」

可以想像得到，毛姆與蘇‧瓊斯這初夜之歡便是如小說中寫的那樣。

完事後，毛姆用單馬雙輪雙座馬車送蘇‧瓊斯回家。蘇‧瓊斯問毛姆，他認為他們這種風流交往會持續多久。他輕率地回答了一句：「六個星期。」實際上，據毛姆後來說，他們這關係整整維持了八年。

毛姆是太愛蘇‧瓊斯了。他明知她還跟多個別的男人同居，性關係混亂，也仍不以為意，對她的感情始終不減，幾年裡不斷直接或者透過朋友的關係，幫她在舞臺上謀得角色。

1913 年，年近 40 的毛姆考慮應該把結婚提上議事日程，自己的單身生活也必須安頓下來。既然他是一個具有愛德華時代風度的紳士，結婚是例行公事，特別是他必須要以婚姻來作為他正規生活的裝點，同時也能掩蓋他是個同性戀者的實質。這時，她想到的仍然是蘇‧瓊斯，他覺得她的確是一個熱心而又理解他的生理需求的人。只是這位蘇小姐正要到美國去。不過此時，毛姆恰好正在完成一個將於 11 月要在美國上演的劇本，反正到時候要去那裡觀看彩排的。於是他買好一枚名貴的鑽石戒指，是一小圈鑽石當中鑲了兩顆大珍珠的戒指，準備去紐約後向蘇‧瓊斯求婚。可是當先她而去的毛姆來到碼頭迎接蘇的航船時，發現蘇在甲板上跟一位穿著講究的青年男子談得正開心。毛姆見到她後，她對他說，她要直接去芝加哥，甚至不能在紐約與他待一天。三四個星期後，毛姆到了芝加哥。在蘇小姐演出後，兩人在她的小房間裡用晚餐時，寒暄了幾句之後，毛姆明確告訴她，他到芝加哥來是要求她嫁給他，她的意向如何。蘇的回答也很明確：「我不願意跟你結婚。」毛姆感到很吃驚，問她為什麼，蘇的回答是「我就是不願意」。毛姆將備好這枚戒指

遞給她，她只是稱讚了一句「非常漂亮」後，便退回了給他。毛姆說是送給她的，她說「不，我不願意」。毛姆又追問：是真的不願意？蘇回答說：「如果你想跟我同床，是可以的；但我不願嫁給你。」

毛姆回到紐約後，從報上看到，蘇・瓊斯已於12月13日在芝加哥與安格斯・麥克唐奈爾結婚。毛姆相信，此人就是他在甲板上看到的那位男子，蘇早已與他同居並已懷孕。蘇・瓊斯活到65歲，於1948年去世，但她作為毛姆筆下最真實的女性，與他的名著《尋歡作樂》同是獲得不朽，被認為是20世紀英國小說中最值得懷念的女性人物。

《尋歡作樂》快結束時，有一個場面：名作家愛德華・德里費爾德去世後，毛姆的替身阿申頓去訪問他的遺孀。這位第二夫人把露西說得一無是處，甚至說她「不可能是個好人」。阿申頓針鋒相對地反駁了她，毫無含糊地說：「在這點上你恰恰弄錯了。」阿申頓解釋說，露西「是個很單純的女人」，她對人天生容易產生好感，當他喜歡一個人的時候，她覺得和他一起睡覺是很自然的事，這並非道德敗壞，也不是生性淫蕩，這是她的一種天性。作家用最高尚、最純淨的比喻說，露西把自己的身體交給別人，就像太陽發出光芒、鮮花吐出芬芳一樣地自然，她感到這是一種愉快，她願意給他人帶來快樂。阿申頓對露西的評語是：「真誠、無瑕、天真」，「像黎明一般聖潔」。

阿申頓／毛姆對露西／蘇・瓊斯作這樣的評價完全可以理解。毛姆一生有過多次愛情事件——異性的和同性的，但只有蘇・瓊斯才是他愛得最深的。她不但帶給他快樂，還作為她的繆斯，使他創作出他最成功的作品之一《尋歡作樂》。人們相信，毛姆在這部書中說的，在與露西一起的日子裡，「露西使我的生活充滿歡樂」的的確確是毛姆當時的真實感受。正是他與蘇・瓊斯的這種給他帶來無比歡樂的愛情，使毛姆終生難忘，深信自己「總有一天我會把她寫進一部小說裡去」。毛姆等待多

年，最後才因有哈代之死的觸動，使他產生創作《尋歡作樂》的動機，並在整個創作過程中得以重溫自己這一段最美好的愛情。不用說，毛姆認為《尋歡作樂》是「我最喜歡的書」是理所當然的。

　　文學史沒有辜負毛姆這部以自己的深切情感創作出來的作品。在 1910 年之前，英國文壇上公認的巨匠是蕭伯納（George Bernard Shaw）、高爾斯華綏（John Galsworthy）、赫伯特・威爾斯（Herbert George Wells）等；10 年到 30 年被稱為是「勞倫斯的時代」；「最優秀作家」的名單上都沒有毛姆的名字。但是，隨著《尋歡作樂》的出版，具有崇高地位的《年鑑》在評論當年的文學情況時說，此書和作者的另一部小說《人性的枷鎖》，使毛姆「在本世紀的文壇上獲得了一種確實很少人能與之共用的榮譽」。毛姆自然要感謝他的繆斯蘇・瓊斯了。

巴斯特納克的「拉拉」

1995年9月8日,奧爾迦‧伊文斯卡婭因癌症病逝時,《紐約時報》在9月13日刊載的「訃告」中,把她和俄國兩位大詩人生活中的女子相提並論,說:「有如若無安娜‧凱恩,普希金就不完整,若無伊莎朵拉,葉賽寧就什麼也不是;倘若沒有奧爾迦‧伊文斯卡婭,《齊瓦哥醫生》的靈感源泉,巴斯特納克就不會成為巴斯特納克。」

略具俄羅斯文學知識的人都知道,是安娜‧凱恩,使亞歷山大‧普希金寫出他流傳千古的愛情詩《致凱恩》:「我記得那美妙的一瞬: / 在我的面前出現了你, / 有如曇花一現的幻想, / 有如純潔之美的天仙……」此詩為

巴斯特納克

世界上多少人所熟記。大概也知道，1921年秋在畫家格里高利‧雅庫洛夫的工作室，旅居巴黎的美國女舞蹈家伊莎朵拉‧鄧肯第一次見到蘇俄詩人謝爾蓋‧葉賽寧（Sergei Yesenin）時，以她所識不到十個的俄語詞彙，吐出了「天使」兩個字來讚美面前的這個小她16歲的男人；隨後，兩人相愛、結婚，遍遊歐洲，度過兩年美妙的時光。那麼，巴斯特納克怎樣因有奧爾迦‧伊文斯卡婭才成為巴斯特納克呢？

巴斯特納克創作了他名聞全球的小說《齊瓦哥醫生》後，一次‧有位記者問他，小說裡的女主角「拉拉」是否實有其人。巴斯特納克坦率地回答說：「是有拉拉這麼個人。我希望你去見她。這是她的電話號碼。」就把奧爾迦‧伊文斯卡婭的電話號碼告訴了他。

確實，奧爾迦‧伊文斯卡婭既是《齊瓦哥醫生》這部小說的靈魂人物拉拉——拉麗莎‧費多洛夫娜‧安季波娃的原型，和其它許多作品的靈感來源，同時也是他生活中的靈魂人物。

奧爾迦‧符謝沃洛朵芙娜‧伊文斯卡婭（Ольга Всеволодовна Ивинская, 1912—1995）生於俄羅斯西部的坦波夫，1915年隨父母移居莫斯科。她父親是教師，母親已是第二次婚姻。

據同時代人回憶，奧爾迦頗有姿容，比小說裡描寫的拉拉更有誘人的美。可惜她一生命運不濟。

奧爾迦‧伊文斯卡婭1936年畢業於莫斯科編輯學院創作系，隨和在多家文學刊物擔任編輯。畢業這年，

奧爾迦‧伊文斯卡婭

她就嫁給了青工學校校長伊萬‧葉米里揚諾夫，但三年後，丈夫上吊自殺，留下一個女兒伊琳娜。1942 年，她與《飛機》雜誌的主編亞歷山大‧維諾格拉多夫重新結婚，生了一個兒子德米特里，維諾格拉多夫後來在戰爭中犧牲了。期間，她母親又在 1941 年被捕，兩年後才得以釋放。奧爾迦‧伊文斯卡婭真是一個不幸的女人。

奧爾迦喜愛文學，尤其是詩歌，常以優美的詩歌來撫慰自己的心靈。從十多歲那次參加一個文學聚會，聽了朗誦巴斯特納克的詩作之後，她便熱烈地愛上了這位詩人的作品。因此可以想像，當 1946 年 12 月（也有說是 10 月），她在自己任職的《新世界》雜誌見到她心中仰慕已久的大詩人巴斯特納克時，她的心會是多麼的激動。

伯里斯‧列昂尼多維奇‧巴斯特納克（Бори́с Леони́дович Пастерна́к, 1890—1960）生於莫斯科一個已經為俄羅斯東正教接納的一個富有文化素養的猶太人家庭，父親是「莫斯科繪畫、雕塑和建築學院」的教授，一位後印象派畫家；母親是一名鋼琴家。家中來往的友人包括音樂家謝爾蓋‧拉赫瑪尼洛夫、歌唱家亞歷山大‧斯克里亞賓、思想家列夫‧舍斯托夫、德國詩人雷納‧里爾克，當然還有父親最崇敬的列夫‧托爾斯泰。

伯里斯出生不久，父母就脫離東正教，而皈依托爾斯泰所從事的基督教運動：運動的宗旨是遵循耶穌，主要是耶穌在《登山寶訓》中的教導，處世為人以愛乃至對仇敵的愛為新律法。伯里斯清楚記得，托爾斯泰的小說《復活》在彼得堡出版商瑪律克斯辦的《田野》上一章一章連載時，他父親為它創作精美的插圖，及時寄往那裡。1910 年 11 月，當他父親接到電報，說托爾斯泰離家、在阿斯托波沃車站站長家中病逝時，他立刻帶著伯里斯趕去那裡，畫下一幅大師彌留之際的肖像。伯里斯‧巴斯特納克深深感受到，他們「整個家庭都充盈著他（托爾斯泰）

畫家父親筆下的巴斯特納克

的精神」。

受斯克里亞賓的啟發，巴斯特納克最先進的是莫斯科音樂學院，但是不久，1910 年他又突然去德國的瑪律堡大學研究新康得主義哲學。雖然他的導師、新康得主義瑪律堡學派的創始人赫爾曼·柯亨鼓勵他繼續留在德國深造，他還是在第一次世界大戰開始之際回到了俄國，並因健康原因沒有服役上前線，而進了烏拉爾附近的一家化工廠。「十月革命」爆發後，巴斯特納克不像他家的其他成員或他們的一些親密朋友一樣離開俄國，而是留在莫斯科。1917 年，繼四年前第一部《雲中的雙子座》（Близнец в тучах）之後，巴斯特納克相繼出版了詩作《在街壘上》（Поверх барьеров, 1916）和《生活，我的姐妹》（Сестра моя — жизнь, 1923）及其他一些詩篇，被看成是一名詩壇的新秀。特別是《生活，我的姐妹》，這部革命化的俄羅斯詩歌，改變了奧西普·曼德爾施塔姆、馬琳娜·茨維塔耶娃等膾炙人口的詩風，也讓詩人聞名全國，引發全國人民都愛讀他的詩，他們甚至在夢中都希望有機會見到這位詩人。奧爾迦·伊文斯卡婭就是巴斯特納克的詩的熱烈崇拜者。1946 年冬這次終於如願在編輯部見到她的這位詩人上帝，這可是奧爾迦此前所不敢想像的。

第一眼見到奧爾迦·伊文斯卡婭，巴斯特納克就受到感動，因為她的容貌竟是那麼的像他當年在瑪律堡大學第一次愛上的那個女孩子——莫斯科著名茶葉商的女兒伊達·費索茨卡婭，他曾在 1917 年的《瑪律堡》詩中描述過他的這一初戀。

第一次相見，這一對愛詩和寫詩的人就談得十分融洽，兩人立即相互吸引。巴斯特納克向她訴說，稱她是「我的生活，我的天使，我真心愛你」時，她是何等的激動啊。她寫信告訴她的朋友，說與巴斯特納克會面，有如「在和上帝交談」。

離開編輯部後，巴斯特納克給奧爾迦‧伊文斯卡婭寄去他的詩作和他的譯詩。從 30 年代史達林的「社會主義現實主義」被作為蘇聯作家、藝術家唯一遵從的創作方法之後，不肯屈就的巴斯特納克便轉向翻譯歌德、里爾克、維爾蘭等的詩作，他還譯出了莎士比亞的《羅密歐和茱麗葉》、《安東尼與克莉奧佩特拉》、《哈姆雷特》、《馬克白》、《李爾王》及《奧賽羅》第 1、2 兩幕。隨後，巴斯特納克又一次次邀請奧爾迦和他一起散步，還送她照片，把自己創作和翻譯的詩獻給她。巴斯特納克送奧爾迦一本他翻譯的裴多菲的詩。山多爾‧裴多菲（1821—1856）是匈牙利偉大的革命詩人，被視為匈牙利人渴望自由的象徵；他參加革命，親歷戰鬥，被俘後，35 歲時死於肺結核。裴多菲 1947 年與他所愛的茱莉亞‧森德雷結婚，然後度幸福的蜜月。茱莉亞賦予他靈感，讓他寫出大量優秀的愛情詩。巴斯特納克在送給奧爾迦的這本裴多菲詩集上題寫道：「裴多菲的 1947 年 5、6 月是一個代碼，我真情翻譯他的抒情詩是表達我對您的感情和思念，與他詩文中的需求相一致。」

愛情是不講條件的，儘管巴斯特納克當時已有 56 歲，而她只有 34 歲，奧爾迦仍然愛他。自然，奧爾迦有時不免也有嫉妒心理，因為巴斯特納克還與他的第二個妻子娜捷斯達一起生活。巴斯特納克也有心擺脫這無愛的婚姻枷鎖，但或是由於妻子的吵鬧，或是由於自己的負疚感和對她的憐憫而一次次猶豫，導致他和奧爾加之間的爭吵。最嚴重的也是最後的一次爭吵是 1959 年 2 月 21 日至 3 月 3 日英國首相麥克米倫率領外相和其他人員訪問蘇聯前夕，有關部門要求巴斯特納克回避。正好有朋友邀請，巴斯特納克便在妻子的陪同下去了南方格魯吉亞首都第比利斯做客。奧爾迦‧伊文斯卡婭覺得自己受了怠慢，一氣之下，獨自去了北方的列寧格勒，使巴斯特納克很感不安，天天給她寫信。不過，吵過之後，兩人仍然相愛如初，他們都感到「有一條比我們兩人在眾人面前

親切相處更纖細的線」，把他們「結合在一起」。奧爾迦已經成為巴斯特納克幾乎是不可分離的工作助手和生活伴侶。

　　但是在史達林的變幻莫測的政治壓制之下，他們時時刻刻都感到擔心受怕。巴斯特納克告訴奧爾迦：「我希望妳永遠不會因我而流淚」，作為對她一個預先的警告，他還說：「我們的相聚，不論對妳和對我，都不會有好的結局。」但這些沒有動搖奧爾迦對他的情感。像這樣一個他覺得不僅具有「天仙之美」，更有一顆「金子」般的心的人，巴斯特納克認為是最理想的、最值得他深深去愛的女性。他稱她是「我的美人」、「我的親人」、「我的金子」、「我的生命」，說是她給了他「幸福」，是他不可缺的「右手」。他向他保證，要把她的「美」「鎖在詩的昏暗的閨房之中」，並「忘我地埋頭於無窮無盡地讚美妳和妳的才智，還有一而再，再而三地讚美妳的善良」。他寫了很多詩篇讚美她，如《嬌女》讚美她平素像是一個嬌女，「那麼文靜」，與她一起時，「你是一團火，烈焰升騰」；還有《酒花》，說他們為躲雨鑽進長春藤摟抱的樹叢，但他覺得，「這不是長春藤是酒花纏住了樹叢」，使他像喝了它似的陶醉（高莽譯詩）……在創作他史詩式的巨著《齊瓦哥醫生》時，他還以她為原型，把女主角拉拉描寫為「是世界上最純潔的人」，她「身上的一切都是完美無暇的」。

　　以男主角的名字命名的小說《齊瓦哥醫生》透過這個叫尤里・安得列耶維奇・日瓦齊瓦哥的醫生和詩人以及他的情婦，以「拉拉」為愛稱的拉莉莎・費多羅芙娜・安季波娃的生活，反映了蘇聯人，特別是知識份子在「十月革命」和隨後的「國內戰爭」時期中的徘徊、苦悶和愛情。

　　巴斯特納克於 1948 年開始創作《齊瓦哥醫生》，除了後來作為醫生詩人齊瓦哥的作品寫進小說裡的詩十首曾於 1954 年以《尤利・齊瓦哥的

詩》為題在《旗》雜誌上刊載，由奧爾迦列印的書稿原來投寄給了《新世界》雜誌。但是拖了很長時間，直到 1956 年 9 月，以主編康斯坦丁‧西蒙諾夫為首的五位《新世界》編委給巴斯特納克寫了一萬多字的退稿信，斷言這部小說把「十月革命」後的頭十年以及隨後所發生的一切描寫成「是一種罪惡」，暴露了作者「一系列的反動觀點」，作品的「精神是仇恨社會主義」，等等，徹底否定了這部偉大的作品。

　　在此前漫長等待的絕望中，巴斯特納克在 1956 年 5 月 20 日接待了一位叫塞爾基奧‧丹傑洛（Sergio D'Angelo, 1932—）義大利人。丹傑洛是義共黨員，受黨指派來蘇聯，在莫斯科電臺任義大利語編輯。他受義大利共產黨員出版商詹賈科莫‧菲爾特里內利之聘，作為該社的駐蘇代理人，並及時注意蘇聯作家有什麼優秀的作品出版，向他推薦，以便在義大利出版譯本。1956 年 5 月，莫斯科電臺對外廣播時用義大利語報導說，著名詩人伯里斯‧巴斯特納克已經完成一部長篇小說《齊瓦哥醫生》，即將出版，同時還介紹了作品的內容。丹傑洛及時向菲爾特里內利彙報了這條資訊後，菲爾特里內利指示他立即跟作者聯繫，設法馬上將手稿複印出來寄給他。丹傑洛找到巴斯特納克後，直截說明他的來意，說很想讀一讀他的新作《齊瓦哥醫生》。面對丹傑洛的要求，據高莽在他所寫的傳記《巴斯特納克——歷盡滄桑的詩人》中的推測，認為「巴斯特納克……也許他考慮到這位在莫斯科電臺工作的義大利人和他代表的出版商都是義共黨員，而蘇聯報刊與電臺又都正式傳遞了《齊瓦哥醫生》將要面世的消息，在這種情況下把原稿交給外國人並沒有什麼大問題。」於是，丹傑洛如願拿到了小說原稿。

　　早在 1949 年，得知巴斯特納克在創作一部被看作具有顛覆性的作品時，克格勃就決定要懲罰他，但又不敢直接對巴斯特納克下手，原因是巴斯特納克名聲很大。巴斯特納克認識史達林，曾將一位格魯吉亞詩人

的詩作翻譯成俄語，使出生於格魯吉亞的史達林很喜歡。據說，史達林
不但在 1924 或 1925 年接見過巴斯特納克與另外兩位詩人謝爾蓋‧葉賽
寧和弗拉基米爾‧馬雅科夫斯基，還曾在 1934 年 7 月的一個晚上打電話
給巴斯特納克，徵求他對後來被捕死於勞改營的詩人奧西普‧曼德爾施
塔姆的看法。克格勃不敢拘禁巴斯特納克，就將目標轉向於他的情婦，
毫無防禦能力的奧爾迦，在 1950 年 7 月以「間諜同謀犯」的罪名逮捕
了她，將她拘禁在莫斯科著名的盧比揚卡監獄，單人監禁。當時，奧爾
迦已懷上巴斯特納克的孩子。但是監獄極端惡劣的生活條件，日日夜夜
的審訊，加上官方後來解釋說由於「疏忽」，將她在監獄的停屍間鎖了
一夜，以致使她流產了。在監獄裡，面對官方的施壓，奧爾迦堅決拒絕
將巴斯特納克牽涉進一樁編造出來的什麼間諜活動中。「我忠於我的生
活，」她後來寫道：「事實是，這些年裡，他們沒有使我動搖過。」隨後，
伊文斯卡婭被送往莫爾達維亞（也譯「莫爾多瓦」）共和國的一家勞改
營。這段時間裡，巴斯特納克不斷地寫信給他，繼續幫助她窮得不名一
文的母親和孩子。在《相逢》一詩中，巴斯特納克深切地表達了自己的
孤獨和對奧爾迦的思念之情：「大雪封了路，／埋住了憧憧房屋……這
個雪夜加倍長，／我不能劃一跳線，／隔斷在你和我之間。」（張秉衡
譯詩）在勞改營待了四年之後，直至 1953 年史達林死後蘇聯所實行的大
赦，奧爾迦‧伊文斯卡婭才獲得釋放。

奧爾迦‧伊文斯卡婭出獄後，失去了工作，住進莫斯科郊外西南別
列傑爾基諾「作家村」巴斯特納克和他的第二個妻子日娜伊達合居的一
座小別墅（дáча）。巴斯特納克天天陪伴著她，過了七年幸福的生活。
她做他的文學經紀人，為他創作的著作打字，幫助他聯繫發表和出版事
宜。但是當局提防的眼睛絲毫沒有放鬆，時時刻刻注意著這兩個人。

在義大利這邊，菲爾特里內利抵制住了義大利共產黨領導的壓力，

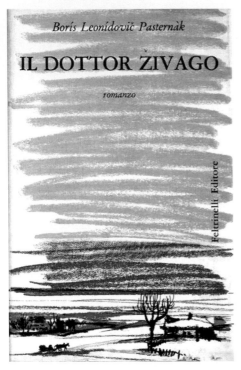

《齊瓦哥醫生》初版，義大利文

讓人以最快的速度將《齊瓦哥醫生》譯成義大利文，並於 1957 年在米蘭出版。這是《齊瓦哥醫生》在世界上的首版，被認為是「我們這個時代最重要的著作之一」，「一部不朽的史詩」。1958 年 10 月 23 日，瑞典科學院宣布將 1958 年的諾貝爾文學獎授予巴斯特納克，以表彰他「在現代抒情詩和俄羅斯偉大敘事詩傳統風貌所取得的重大成果」。巴斯特納克當即以極簡要的「感激不盡，激動，驕傲，意外，愧疚」這麼幾個詞來表達他的致謝。但是，看到西方各界紛紛致電向作者祝賀，受共產黨中央控制的蘇聯報刊便對巴斯特納克施加強大的壓力。

　　10 月 26 日，《真理報》發表大衛・札斯拉夫斯基的批判文章《圍繞一棵文學雜草掀起的反革命喧囂》，指控巴斯特納克「是社會主義革命的污蔑者和蘇聯人民的誹謗者」，揭開迫害這位大作家的序幕。隨後，蘇聯作家協會宣布開除巴斯特納克會籍。巴斯特納克後來說，他們這樣是「要我恨我之所愛，愛我之所恨」。但是壓力越來越大，巴斯特納克只好在 12 月 29 日宣稱拒絕接受諾貝爾獎金。這幾個月裡，他病了，不到六十歲的他，女作家利季婭・丘科夫斯卡婭見到時，「一張焦黃的臉，炯炯有神的眼睛和老年人的脖子」，並「第一次發現他走路一瘸一

癱的」，完全和以前不一樣了。不到兩年，在長期的憂鬱中，這位偉大作家便於 1960 年 5 月 30 日死於癌症。死前也未能見到他心愛的奧爾迦，她也一直得不到他的任何音信。

巴斯特納克生前一直擔心當局會繼續傷害奧爾迦・伊文斯卡婭，作為懲罰他的一種手段。他曾寫信給一位朋友說：「但願不要發生：他們會拘捕奧爾迦的。因為打擊她就是對我的打擊。」他的擔心並非無中生有。確實，奧爾迦的苦難遠沒有過去。

巴斯特納克去世後三個月，奧爾迦・伊文斯卡婭再次被捕，這次還帶上她和她第一個丈夫的女兒柳達米拉・葉米里揚諾娃。她被指控是巴斯特納克的線人，聯繫西方出版商，為《齊瓦哥醫生》買賣硬通貨，被關進西伯利亞的一個勞改營。蘇聯的報刊對她竭盡醜化之能事。1961 年 1 月，莫斯科廣播電臺用義大利語、德語和英語播發，說奧爾迦・伊文斯卡婭欺詐巴斯特納克的版權繼承人，還說她接受海關走私的盧布和美元等等。幾個月裡，西方的報紙都在抗議逮捕奧爾迦・伊文斯卡婭，直到悄悄地將她們釋放：柳達米拉在 1962 年釋放，奧爾迦則等到 1964 年。出獄後，奧爾迦回到她在莫斯科波塔波夫街的公寓，發現所有巴斯特納克寫給她的信件和其他的手稿和文件都被克格勃沒收。

奧爾迦・伊文斯卡婭直到 1988 年戈巴契夫時代才被宣布無罪，恢復正常生活，但這時她已經是一個衰弱不堪、眼睛半瞎的老人了。根據法律，克格勃應歸還了從她那裡取走的任何物件。但她希望重新獲得巴斯特納克給她的信件的努力，遭到巴斯特納克的兒媳，列奧尼德・巴斯特納克的妻子娜塔莉婭的阻擾。由於俄羅斯最高法院裁定「沒有產權證明」和「檔應留存國家檔案」，幾年的訴訟毫無結果；對她抗議伯里斯・葉利欽侵犯她公民權利、使她「不能」過正常生活，也沒有任何幫助。

奧爾迦・伊文斯卡婭最後的幾年是與她第二次婚姻的兒子德米特

里·維諾格拉多夫一起在一個單間的公寓裡度過的。1978 年，她俄語的回憶錄《與伯里斯·巴斯特納克一起的歲月：為時間所俘》（*Годы с Борисом Пастернаком : В плену времени*），在巴黎由法耶德公司出版，很快即被譯成所有歐洲的主要語言。

蘇聯解體後，有人聲稱，從解密的檔案中發現奧爾迦·伊文斯卡婭在被捕期間的 1961 年 3 月 10 曾給蘇聯共產黨書記尼基塔·赫魯雪夫寫過一封信，向這位蘇聯領導人祈求自由，表示願意與中央委員會密切合作，取消原來由她聯絡的巴斯特納克和外國人的會見，並設法拖延《齊瓦哥醫生》在西方的出版。1997 年 11 月，《莫斯科共青團員報》刊登了據說是這封信的摘要。據說，奧爾迦·伊文斯卡婭甚至在信中寫了這樣的話：「我盡力做了防止發生不幸的一切，但要每件事都立竿見影，這超出了我的能力。是巴斯特納克自己寫了這部小說，是他自己以他所選擇的方式接受報酬。不應把他描繪成一個無辜的羔羊。」

這是巴斯特納克的繆斯寫的嗎？信或不信，一段時間裡爭論不休。如今似乎已經不再被人提起了。很多人寧願覺得奧爾迦·伊文斯卡婭是一個實實在在的拉莉莎·費多羅芙娜·安季波娃，是巴斯特納克心中的拉拉，她聰明伶俐，性情溫和，容貌異常俏麗，灰色的眼睛，金色的頭髮，以及那身段、聲音，輕盈的舉止，沉靜、瀟灑的風度，一切在她的身上都顯得那麼的和諧；當然，最重要的是她對巴斯特納克的愛，是他不可分離的工作助手和生活伴侶，他靈感的繆斯：巴斯特納克說的，「是世界上最純潔的人」，她「身上的一切都是完美無暇的」。

小仲馬的「瑪麗」

位於巴黎北郊克利希廣場附近的蒙馬特公墓，是很多去巴黎的人經常前往憑弔的一處著名墓地。進去之後向左，循著聖查理甬道，步入第15墓區，沿臺階拾級而上，可以看到一座正方形的墳墓，墳墓頂部有如屋脊並帶有屋簷的下面，花崗岩的墓穴上，有一座石棺狀的建築，棺首陶瓷的枕墊，讓人聯想起墓中之人與情人倚枕而臥的情景。那面白色大理石墓碑正面所刻的「A.P.」兩個花體字字母，雖然可以猜到，定是死者姓名的字頭，但顯然有什麼原因，才沒有寫出他或她的全名，也許碑頂上那瓷質的酒杯和杯前的一束紅玫瑰，會使人聯想到墓中

阿爾豐西娜‧普萊西之墓

沉睡著的是一位在燈紅酒綠中淪落風塵的女子。不過石棺四周憑弔者所獻上的鮮花和盆花告訴人們，這死者絕不是一個為眾人所不恥的娼妓。

不錯，以「A.P.」為其名字字頭的 Alphonsine Plessis──阿爾豐西娜‧普萊西 (1824-1847) 死的時候，從地位上說確是一名妓女，但是來這裡的、了解她的人都知道並相信，她生前儘管陷於被侮辱、被損害的賣笑生涯的境地，仍然能夠時刻在實現自己高尚美好的人生，以實際表明了，卻算得上是一位靈魂純潔、心地善良的女子。

阿爾豐西娜原是法國北部諾曼第省一個酒桶修理匠的小女兒，祖輩都是貧苦的農民。不到八歲，母親就去世了，她被託付給一位農婦照管，在山野裡長大，遭到村野俗夫的戲弄，致使在十二三歲時便失去了童貞。兩三年以後，可能是被她父親賣給了漂泊流浪的吉卜賽人，與他們過了一些日子，幾經轉折，最後被帶到了法國的首都。

在巴黎，阿爾豐西娜先是在衣鋪帽店作一名臨時工。在這段時間裡，她的生活雖然困苦，但女孩子過得自由自在：混跡於輕佻的女工之間，使她習慣了常常結伴去參加舞會，還接觸了一些浪漫小說，受到很深的影響，使她喜歡去與大學生們玩樂，去林蔭道調情，最後淪為一名妓女。阿爾豐西娜成長為少女後，出落的非常漂亮，有著極其罕見的美貌。這使她得以結識不少上層人士。在這些人之間，除了一般富商巨賈之外，還有三十年後出任外交大臣的安東莞‧阿蓋爾‧阿爾弗雷德德‧格拉蒙公爵和做過俄國駐維也納大使的封‧斯塔蓋爾貝格老伯爵，以及年輕的愛德華‧德‧貝雷戈伯爵等親王、子爵、男爵，也有像歐仁‧蘇、阿爾弗雷德‧德‧繆塞、費倫茨‧李斯特等著名的作家、藝術家。

這時阿爾豐西娜正值青春，在二十歲上下，的確是姿容豔麗、優美動人。她體形修長、纖小而苗條、輕盈，她皮膚白裡透紅，一雙橢圓形的眼睛，像是用晶瑩的法琅質鑲成，只是更顯得水靈。嘴唇紅得像櫻

桃，牙齒則雪白、整齊而有光潔，整個身形使人想起一座用薩克森細瓷製成的精美雕像。她的柳條似的細腰、天鵝般的頸項、純潔而無邪的表情，還有那拜倫式的蒼白，披散在白嫩雙肩上的濃密的長捲髮，裸露在白色連衣裙上方的危聳的胸脯，以及金手鐲、寶石項鍊等裝飾，使她顯得像皇后一樣美麗，被公認是巴黎最迷人的女子。而且在與名人的接觸中，她不但擺脫了貧困，變換了姓氏，改名為瑪麗‧杜普萊西，還給自己添上「Du」這麼貴族的頭銜。她又遍讀瓦爾特‧司各特、大仲馬、維克多‧雨果、阿方斯‧拉馬丁等人的作品，並廣受音樂、繪畫和其它藝術的陶冶，使她表現出天資聰穎，知識廣博且富有藝術修養，態度雍容大方，談吐溫文高雅而顯得出身高貴。難怪著名詩人泰奧菲爾‧哥提耶讚嘆說：「她儀態萬方，像一位公爵夫人。」這位原本來自農村一個貧寒家庭的女子，如今已經變成為巴黎社交場中的一顆耀眼的明星。

　　1844 年 9 月 9 日，深受當時法國大眾喜愛的多產作家亞歷山大‧仲馬（父，即大仲馬）與後來被他遺棄的花邊女工卡特琳娜的私生子，年僅二十、與瑪麗‧阿爾豐西娜同齡的亞歷山大‧仲馬（子，即小仲馬，1824—1895），和他交際場上的摯友歐仁‧德雅澤，先是去了聖日爾曼大道雷法萊馴馬場跑馬；回來晚餐後，就去蒙馬特大街的「遊藝劇場」，目的並不是觀看戲劇演出，而是去那裡獵豔，看是否可能見到幾位漂亮的女子；尤其這家劇院是瑪麗‧杜普萊西常去的場

阿爾豐西娜‧普萊西

所，對他們更有吸引力。在此以前，小仲馬雖然也曾在交易所廣場見過瑪麗‧杜普萊西一次，留下的印象是一個雍容華貴又十分柔弱的女子；第二天，又在香榭裡舍見她在向路人致意，模樣有如一位出巡的王后。但都只是匆匆的一瞥。今日，他穿一身墨綠色的開絲米寬領衫，繫一條白色領帶，褲腳上露出絲襪，還別了幾件飾物，帶一根手杖，非常富有風度。在德雅澤的慫恿下，小仲馬一直在思忖，去劇場後是否有一睹這位巴黎名妓芳容的豔福。

　　燈光熄滅後，瑪麗像一個幻影似地出現在劇場她固定的包廂，離小仲馬僅僅只有幾步之遙。她脫下小仲馬上次看到過的那襲貂皮襯裡的斗篷，緩緩地坐下，一手拿著一束紅茶花，一手剝著她喜愛的糖果，顯得恬然自得。小仲馬一見到，就覺得自己已經被這位女子迷住了。他在心中暗暗發誓，總有一天，他要在眾多的追求者中拜倒在她的腳前。

　　演出結束後，小仲馬和好友帶上瑪麗最愛吃的冰糖葡萄乾去包廂看望過她一次。十天後，他們又設法得到瑪麗的緊鄰和親密女友普魯丹絲‧德沃瓦的幫助，去她所住的瑪德琳娜大街 11 號登門拜訪。儘管她的父親兼管家告戒說，瑪麗應該去招引像大仲馬這類能帶給她鑽石、包廂、馬車的富人和權貴，而不是他兒子這些窮困潦倒之輩，瑪麗仍堅持

畫作〈阿爾豐西娜‧普萊西觀劇〉

自己的信念：她需要的是一位迷戀於她、依順於她的年輕情人。她顯然對年輕而又風度翩翩的小仲馬感到興趣。她吩咐讓其他的人都離開，只讓他一個人留在她家，單獨與她共度良宵。若干日後，瑪麗還悄悄塞給他一把她房門的鑰匙。這使小仲馬無比狂喜，感到自己終於得到了她的愛，「我再也無所求，世界已屬於我了。」

從此，他們夜夜相會，雙方都深深感受到愛的歡樂。一次，小仲馬去時，見瑪麗躺在床上，手裡提了一條白手絹；他想親吻她，也被她擋開了。小仲馬意識到，她又病了。這並不令他吃驚，因為認識她之前，小仲馬就知道她患有肺結核；她此刻擋開他和不得不回絕他，以限制他的欲望，目的是為了保護他，正是出於對他的愛。他看到她有一顆金子般的心。他勸她休息，應該去療養。瑪麗聲言，這在她是根本辦不到的，他的處境不允許她這樣做，因為她完全了解那些說是愛她而在她身邊打轉的男人，他們愛的實際上只是她的豔姿，一旦她真的病了，口口聲聲發誓愛她的年輕人遲早都會拋棄她。小仲馬跟她說，他絕不像這些年輕人，事實上他並不是今天才知道她有病。但他從來沒有猶豫過，他甚至相信，如果她把病傳給了他，倒是一種姻緣。他向她保證，說自己「至死都愛你」。小仲馬確實相信自己是唯一不是僅僅傾慕她的光澤而真正愛她本人的人。他就曾斥責德雅澤用鄙夷的語氣談論瑪麗的身價。小仲馬的真誠使瑪麗深受感動，她向他保證，說自己從沒有像愛他那樣地愛過別的男人。不過她不接受小仲馬要她不再去理睬那個作她監護人的斯塔蓋貝格伯爵的建議，她要求小仲馬在愛情上不猜疑、不任性、不奢望，容忍她在愛她的同時又可以接待別的情人。

小仲馬的確是真心愛著瑪麗，平時他與她一起跑馬、赴宴、逛舞廳、進劇院，不惜花費鉅資，以至背上沉重的債務，還陪她去她老家、空氣清新的鄉間養病。但他不能容忍她同時愛著其他的男人。當他發覺

在他這位情婦的生活中，不但有封‧斯塔蓋貝格這類重要地位的大人物，還有年輕的愛德華‧貝雷戈和其他的人，他簡直是難以自制了。尤其是，他發覺她給他們寫了充滿情愛的信，卻不讓他知曉；同時又向他們隱瞞了她與他的關係，雖然她向他解釋：「與他們相處，我不得不違心作戲，只有與你在一起時，我才體會到自己被愛的幸福。」他仍然不能接受，也無法相信。他責問她為什麼要這樣撒謊，瑪麗竟然若無其事地用多年前聽來的一句俏皮話來回答，說「經常撒謊的人牙齒會白」。於是，小仲馬在 1845 年 8 月 30 日的深夜，寫了一封絕交信給瑪麗‧杜普萊西：

　　我親愛的瑪麗：

　　我既不像我所希望的那樣富有而配得上去愛妳，也不像妳所希望的那樣貧窮而值得妳去愛。那麼，就讓我們相互忘卻吧！對妳來說，忘掉的是一個無關緊要的名字，對我來說，忘掉的是一種無法重現的幸福。

　　沒有必要向妳陳述我是多麼的痛苦，因為妳完全知道我是多麼的愛妳。

　　別了，瑪麗！妳感情豐富，不會不了解我寫這封信的目的，妳聰明過人，不會不原諒我寫了這一封信。

　　　　　　　　　　　　　　　　　　永遠懷念妳的　亞‧仲

　　小仲馬顯然沒有收到過杜普萊西的回信。三個月後，他找到了另一位情婦，隨後與父親一起去北非阿爾及爾、突尼斯等地旅遊。在此期間，瑪麗病情惡化，並在 1847 年的 2 月 3 日病逝；又因封‧斯塔蓋貝格

破產自殺，她的傢俱等一切物品也都在被拍賣。等到小仲馬於次年的 2 月 10 日回到巴黎時，瑪麗已經被安葬在蒙馬特公墓。

本來，小仲馬曾為自己對待瑪麗過於苛刻感到過內疚。他深深覺得，「我不能感到對她是清白無辜的」。如今，她的死訊就更使他悲傷和悔恨。他匆匆趕到瑪德琳娜 11 號她舊日與他歡聚的地方，見人們正在清點她的遺物拍賣，吸引了不少人，連英國名作家查理斯·狄更斯也來了。小仲馬一眼就注意到擺在壁爐上當年他送她的那本普萊沃神父寫的愛情小說《曼儂·萊斯戈》，不自覺停下了腳步；又看到他熟悉的那條花邊襯裙，就幾乎掉下淚來。他如何才能向這個再也永遠見不到了、始終無法當面向她訴說的女子，袒露自己的心呢？

青年時代的小仲馬

當作家與他所愛的女人永別的時候，愛情便在他的心裡獲得新的生命；不論是所愛的女子不再愛他，還是因某種原因死去，都會比成功的愛情帶給作家更為強烈的感受，並賦於他更加豐富、更為充溢的靈感。這在文學史上是屢見不鮮的。小仲馬也這樣，愛的永別使創作的激情在他的心中油然而生。

傳統的道德觀念，包括對戲劇和小說創作的要求，認為與人通姦的有夫之婦或青樓賣妓的年輕女子都是靈魂有罪的人，應該使她們改邪歸正獲得新生，要不就在自殺或被殺中處死她們。小仲馬顯然有意背離這

種傳統：出於對瑪麗‧杜普萊西的愛，他要把以她為原型的主角寫成是一個靈魂高尚的人，而不是一般人心目中的下賤的妓女。

小仲馬原來除了決定以十分欣賞和讚美瑪麗‧杜普萊西的詩人、「善良的泰奧菲爾‧哥提耶」的姓作女主角的姓外，還準備毫不顧忌地以她的原名阿爾豐西娜來為她命名。後來覺得這還不足以表現他所愛的這位女子的高貴，就改用聖母瑪麗亞的名字來命名她，把她看成是聖母和天使，稱她為「瑪格麗特‧哥提耶」，同時保留瑪麗生前眾人所給予她的親切的外號「茶花女」，並以此用作作品的名字。

小仲馬在小說中不僅賦予瑪格麗特異常豔麗的外貌，極致地表現她「難以描繪的風韻」，最重要的是特別注重刻劃她那美麗的心靈。

瑪格麗特儘管是一個妓女，卻是一位熱烈追求真正愛情的女性，她與男主角阿爾芒‧迪瓦爾的悲劇，原因主要不在於情人雙方內在個性上的衝突。阿爾芒並不鄙視瑪格麗特的妓女身份，他十分尊重她的人格；瑪格麗特也不嫌棄阿爾芒私生子的地位和他貧窮的境遇，她非常珍惜他對她的真誠，是真摯的感情維繫著兩人的愛。障礙來自於外在的因素，即阿爾芒父親的反對。瑪格麗特首先意識到，由於她以前的身世和如今的疾病，她只能給她所愛的人帶來禍害。於是她自覺地選擇了獻身的行為。在給阿爾芒的告別信中，她最後一次向她所愛的人表達她的愛和感激之情，說自己是個「墮落的女子」，「她曾經一度享受過你的愛情，這個女子一生中僅有的幸福時刻就是你給她的」；同時，又違心地妄稱自己已經成為別人的情婦，因此他們之間一切都已結束。小仲馬這樣描寫瑪格麗特，他的動機，用他自己的話來說，是為了表現瑪格麗特故意設法「使阿爾芒憎恨自己」，刻劃出「與她一生所顯示的人格適成悖逆的忘我精神」，以達到「美化他的個性」的目的。

小仲馬承認，在《茶花女》的創作中，「我感到……似乎體驗到

了……畫家透過描繪人物表現自己的快樂。」這是顯而易見的，因為在創作中，他宣洩了自己鬱積於心的情緒，又重溫了一次比現實更為濃厚的愛情。

小說《茶花女》是在瑪麗·杜普萊西去世一年之後，即 1848 年發表的，立即引起轟動。作為作家和他父親因桃色事件而破產的不幸的見證人，小仲馬珍視自己的生活素材，又從中覺察出這類題材的社會意義和社會價值。他曾說過：「任何文學，若不把完善道德、理想和有益作為目的，都是病態的、不健全的文學。」於是就同時把它改編成話劇，並從這裡起步，以《半上流社會》（1855）、《金錢問題》（1857）、《私生子》（1858）、《放蕩的父親》（1859）等一系列以婦女、婚姻、家庭問題為題材，表現金錢勢力破壞愛情婚姻，宣揚婚姻家庭神聖的劇作，最終成為法國的「問題劇」的開創者之一。

當小說《茶花女》風靡巴黎的時候，義大利著名音樂家朱塞佩·威爾第（Giuseppe Verdi）正在巴黎。這位天才的歌劇作曲家立即從小說的動人故事中獲得了啟迪和靈感，感到可以把《茶花女》改編成歌劇，並立即開始構思歌劇的音樂主題。1852 年話劇《茶花女》上演後，威爾第更堅定了自己原來的設想。於是，他

LES QUARTIERS DE

LA DAME AUX CAMÉLIAS

《茶花女》插圖

先是擬出一份提綱，請他的好友皮阿威撰寫歌劇劇本，隨後自己一心投
入音樂創作，據說只花了四個星期，就完成了以《失足者》為名的《茶
花女》歌劇總譜，於 1853 年 3 月 6 日在他本國威尼斯著名的菲尼斯劇場
首次公演，這第一次演出雖因背景的現代化、表現的重在心理刻劃，不
符合觀眾的趣味，加上扮演重病的女主角的演員過於肥胖，以致未能成
功，但從 1856 年起，歌劇先後在倫敦、聖彼德堡、紐約、巴黎上演，就
一直受到廣泛的歡迎。如今，一個半世紀以來，像小說《茶花女》已經
成為世界各國的暢銷書一樣，歌劇《茶花女》也已經成為世界各著名歌
劇演員和歌劇院的保留劇目了。

葉慈的莫德·岡

1889 年 1 月 30 日，一位年輕女子從馬車上下來，帶著蘇格蘭著名國家主義者約翰·奧利里的介紹信，來到倫敦郊區貝德福公園，布倫海姆路律師和著名肖像畫家約翰·葉慈的門前。約翰·葉慈的兒子，23 歲的威廉·巴特勒後來寫到他當時見到這個女子時的感覺：

> 我從未想過，會見到世界上有一個如此至純至美的女子。這美該是在名畫、詩篇和某些古老的傳奇中才有。膚色有如蘋果樹上的花朵，臉容和體態具有（詩人威廉·布萊克說的到老都極少改變的無上之美，身子是那麼的偉岸，彷彿她是一員神族。她的動作和她的外表也是如此的相配。我終於明白，為什麼古代的詩人愛上某個女士，在我們只會談她的臉容、外貌時，便謳歌她步態像一位女神。

W.B.YEATS　　124.14

愛爾蘭大詩人葉慈

愛爾蘭詩人威廉‧巴特勒‧葉慈（1865—1939）生於都柏林郡的桑迪芒特，兩歲時隨家人遷居倫敦，但童年和學生時代的大部分時間都是和祖父母一起在斯萊戈過的。1874年，全家遷回倫敦，1881年他又隨家回都柏林，入伊拉茲馬斯‧史密斯中學。1883年，他進都柏林的大都會藝術學校，認識了一些其他的詩人和藝術家。此時，葉慈開始寫作，並於1885年在《都柏林大學評論》上發表了兩首抒情短詩。在1887年全家又遷回倫敦後，他開始專門從事寫作。由於對神祕主義感興趣，相信它是一種遠離平凡庸碌的塵世的想像中的生活方式，他加入了唯靈論學會。這時，葉慈已成為一個有自信的年輕人了，相信自己的審美力和藝術風格感。他雖不自我吹噓，但收入在《奧辛遊歷記及其他》（1889）中的唯美主義詩作，十分優美，也顯得很高傲，受到廣泛的好評。奧斯卡‧王爾德稱頌這些作品「視野宏大」，威廉‧莫里斯據此預示詩人定會有一個「美好的未來」。但是對他影響最大的既不是報刊的評論家，也不是同行詩人，而是莫德‧岡這位美麗的民族主義鼓動家。看來，她是在他的《奧辛遊歷記及其他》出版之後不久即來約翰‧葉慈家的，不是為了找這家的主人，而是要見他的兒子。

莫德‧岡（Maud Gonne,1866—1953）生於英格蘭薩裡郡，是愛爾蘭第 17 騎兵團上校湯瑪斯‧岡的大女兒。莫德‧岡曾這樣寫到它她的家境：「岡的家系來自（愛爾蘭西部康諾特省的）梅奧郡，我的曾祖父去國外尋求財富經營葡萄酒，我的祖父據說有一家興旺富有的公司，在倫敦和波爾多都有房產，他派父親負責國外業務，並讓他在海外受教育。我父親會說六種語言，但對商業幾乎沒有興趣，因此在英國的軍隊裡搞到一個軍官職務。他的語言天賦使他在奧地利、巴爾幹和俄羅斯獲得外交任命，他在巴黎待的時間與在都柏林待的一樣多。」

莫德‧岡五歲時，母親就去世了，由保姆和家庭教師照看她。父親被派駐海外時，就送她去法國的一所寄宿學校受教育。1882 年父親回都柏林後，她就回來陪伴父親，直至父親在 1886 年去世。

葉慈在 1 月 30 日這次的驚豔，像是神話中說的，被愛神邱比特的箭射中。

那天，莫德‧岡請葉慈在當晚一起吃飯，葉慈接受了她的邀請。隨後在她待在倫敦的連續九個晚上，他們都在一起用餐，他

莫德‧岡

對她談兩人都感興趣的精神哲學，和對超自然的興趣。這樣一來，葉慈深深愛上她了。但他的愛沒有成功的希望。因為莫德‧岡喜歡他，但不愛他。她的愛傾注在愛爾蘭。童年時代在愛爾蘭目睹一樁殘暴的驅逐租

戶事件，激發她在法國時便加入到反英的圈子中。她相信獨立就意味著心靈的獨立和渴望投身於實際行動。回到愛爾蘭之後，出於對愛爾蘭人民的同情，她放棄了自己在都柏林上流社會的社交生活，投身到為愛爾蘭民族爭取獨立的運動和釋放愛爾蘭政治犯的鬥爭中，並成為領導人之一，為她的理想在巴黎、倫敦和都柏林奔走，與此同時還成為愛爾蘭劇壇上的一名演員。

在被莫德‧岡迷住後，葉慈向她提出，要為她寫一部讓她扮演主角的劇本《凱薩琳伯爵》，因為莫德‧岡在因肺結核而不得不中斷她的演員生涯之後，希望能在都柏林參加一次劇作的演出。葉慈在這年的 2 月開始，5 月創作完成。該劇以莫德‧岡為原型，情節以葉慈收藏的一部《愛爾蘭民間故事集》中「凱薩琳‧歐西亞女伯爵」故事為基礎進行改編，敘述愛爾蘭的一位「天使一樣美麗的女伯爵」，為了拯救她管轄下在大饑荒中挨餓的農民，先是以她的全部財產，然後以她的靈魂，作為與魔鬼交換的條件。結果是農民免受了飢餓，她去世後也上了天堂。該劇於 1899 年 5 月 8 日在都柏林首演。

最初，在和莫德‧岡相處的時候，葉慈只是心裡在想：「她會是一個什麼樣的妻子呢？」過了兩年，1891 年的 7 月，他在都柏林去看她的時候，再一次感到自己深深地愛著她，但沒有明白向她表示。一個星期後，莫德‧岡給他寫來一封信，說她很難過，她夢見他們原來在阿拉伯是兄妹，都被賣為奴隸。於是，他急速趕往都柏林，要求她嫁給他。他坐在那裡，握著她的手，說得很激動。她挪開他的手，跟他說，不，她永遠不會結婚，她希望他們做朋友。後來莫德‧岡在她自己熱衷於各種示威、集會等活動的同時，還鼓勵葉慈參加幾次都柏林的示威活動。

幾年後，一次葉慈和莫德‧岡一起用早餐時，莫德‧岡問他是否做過一個古怪的夢。葉慈說，他曾夢見她吻他。莫德‧岡後來告訴也，說

是一天晚上，她剛睡著，就看見一個形體碩大的精靈站在他的床邊；他把她帶到一大群精靈跟前，他也在這些精靈中間。她把手放在他的手中，告訴她說，我們已經結婚。後面的事，她就什麼都記不起來了。第二天，她很後悔對他說了這樣的一個夢，因為她曾經說過，她永遠不會是他現實中的妻子。當時在回答他她是否愛過某個人時，她曾說過：「是的，有過一個。」她這是指她肺結核康復後，回到法國時，在盧昂成了一位比她大十六歲的記者和右翼政治家呂西安·米爾瓦耶的情婦，兩人都有共同的理想，要為愛爾蘭的獨立和收回德法戰爭中割讓給了德國的阿爾薩斯—洛林地區而鬥爭。他們 1889 年還為他生過一個兒子，五年後又生了一個女兒。

雖然這樣，葉慈仍舊繼續愛著她，莫德·岡也仍舊拒絕他的求婚，但要求他繼續他們的友誼。在以後的二十五年裡，葉慈還繼續多次追求她，並寫了十多首詩，懇求他恩惠或考慮不再斷然拒絕他的愛，使他失去一切希望。但一次次都被莫德·岡回絕。1893 年的《當你老了》是最常被提及的：「當你老了，頭白了，睡意昏沉，／爐火旁打盹，請取下這部詩歌，／慢慢讀，回想你過去眼神的柔和，／回想它們昔日濃重的陰影；多少人愛你青春歡暢的時辰，／愛慕你的美麗，假意或真心，／只有一個人愛你那朝聖者的靈魂，／愛你衰老了的臉上痛苦的皺紋；垂下頭來，在紅光閃耀的爐子旁，／淒然地輕輕訴說那愛情的消逝，／在頭頂的山上它緩緩踱著步子，在一群星星中間隱藏著臉龐。」（袁可嘉譯詩）以真切的情感和優美的意境，再現了詩人對莫德·岡忠貞不渝的愛戀之情；同時也揭示出愛情在理想和現實之間的距離。

1901 年 5 月，莫德·岡從美國巡迴作鼓動講演回來，和葉慈見面時，葉慈用批評的目光打量著坐在沙發上她和她的妹妹凱薩琳·菲徹，然後跟凱薩琳說，她很喜歡她所穿的衣服，還說，她看起來比以前更年

莫德・岡正面照

輕。凱薩琳回答說，衣服做得不漂亮。根據這次見面，葉慈寫了一首詩《亞當的惡運》。

《亞當的惡運》是一首描述詩人與莫德·岡和她那「聲音嬌嫩又溫存」的妹妹，一個「美麗溫柔的女人」、「一起議論詩」的短詩。詩中除了像古代詩人論詩時常說的，寫詩若沒有神來之筆，還不如「當採石工」或者「擦廚房的板」，詩中也寫到愛情：「我有個想法，只說給你一人聽，／你是美麗的，我竭力盡心，／用古老高尚的方式來愛你，／彷彿是皆大歡喜，但我和你，／卻像那輪殘月深感倦意。」（袁可嘉譯詩）流露出對愛莫德·岡的失望。

在他們三人見面後的一天，葉慈讓莫德·岡專程陪他去看威斯敏斯特教堂的「斯昆石」（Stone of Scone）。

斯昆石，又名「命運之石」。據凱爾特人傳說，先祖雅各曾枕此石夢見天使。後來，它被從聖地經埃及輾轉運至愛爾蘭，最後置於威斯敏斯特教堂。古代曾有預言說，這塊石頭到哪裡，蘇格蘭人就在哪裡為王。

葉慈要去觀看這「命運之石」，而且特地請他所愛的人陪伴，心意不難猜想，就是希望這「命運之石」在愛情上為他帶來希望。莫德·岡在她的自傳《女王的奴僕》（*A Servant of the Queen*）中曾記述他們當時有一段對話。葉慈對她說：

> 你不能像凱薩琳那樣愛護自己，所以她看起比你年輕；你的臉疲憊而消瘦；但是你始終比她美麗，比我認識的任何人都美麗。你不能那樣。啊，莫德，你為什麼不能嫁給我，放棄這種後果悲慘的鬥爭，來過和平的生活呢？我能為你在願意理解你的作家和藝術家中間過很美好的生活。

　　威爾，你不要不厭其煩地問這問題好嗎？我經常跟你說，

感謝神，使我不願和你結婚。和我在一起你不會有幸福。

　　沒有你我不會幸福。

　　哦，不，因為脫離你所謂的不幸，你便會創作出優美的詩

篇，並在創作中感到幸福。結婚是一樁多麼乏味的事啊。詩人

永遠不應該結婚。世界會因我不和你結婚而感謝我。

　　1903 年，葉慈驚聞莫德・岡已與她的戰友約翰・麥克布賴德少校結

婚，雖感無望，還是參考愛爾蘭的神話故事，寫了一首格律嚴謹的「半

抒情半敘事」詩《貝利和愛琳》。

　　愛琳因心碎而死，貝利也一樣，他的心也「衰竭」了。愛神艾格斯

為了幫助他們，便用一條金鏈，將他們和一群永生的天鵝連在一起，使

他們長生不死。此詩明顯是葉慈在愛的絕望中的呼救。後來當得知麥克

布賴德少校在 1916 年的起義失敗被處決後，他又再次向莫德・岡求婚，

但仍被對方拒絕。葉慈始終沒有得到莫德・岡的愛。現實中，絕望的愛

是不能像神話中那樣的。到了 1917 年，在距 1889 年第一次向莫德・岡

求婚二十八年次次遭拒之後，葉慈才停止這種無望的念頭，於 10 月 20

日與七年前認識的伯莎・海德・李斯在倫敦舉行婚禮。這年他已經一個

52 歲的老人了。

　　人性是複雜的，情況在變化，人有時不但會違背自己的諾言或誓

言，甚至會做出自己事先意想不到、乃至當時都沒有意識到的事。原來

認為沒有莫德・岡就「不會幸福」的葉慈，在熱烈追求莫德・岡期間和

斷念之後，又曾接觸過幾位女性，包括比他大十三歲的葛列格里夫人和

小他三十歲的奧利維亞・莎士比亞，以及馬貝爾・迪金遜，並與她們發

生性關係。1917 年 7 月，他和莫德・岡一起待在法國西北部的寇維爾海

灘時再次向莫德‧岡求婚仍遭拒絕後，便於 8 月裡向莫德‧岡與米爾瓦耶的生於 1894 年的女兒伊索爾德求婚，也同樣遭到拒絕。隔了兩個月，10 月 20 日，他便於七年前認識的伯莎‧李斯（1892—1968）在倫敦舉行婚禮。同樣，聲稱因為乏味而「永遠不會結婚」的莫德‧岡，也不但背著葉慈與呂西安‧米爾瓦耶通姦，1900 年離開米爾瓦耶後，還嫁給了麥克布賴德。大概只有「詩人永遠不應該結婚」這話是永恆的真理。確實是因為莫德‧岡一次次拒絕了葉慈的求婚，讓葉慈創作出多首不朽的情詩，為此，莫德‧岡說得對，「世界會因我不和你結婚而感謝我」。

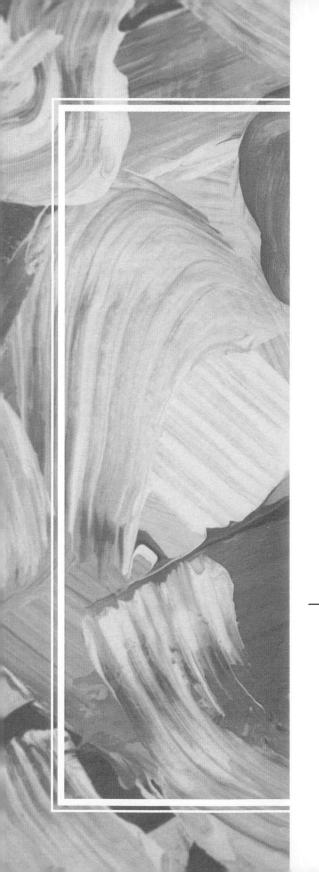

下篇

藝術家的繆斯

GREAT MASTERS MND
GODDESSES

畢卡索的奧爾迦

　　西班牙藝術家巴勃羅·畢卡索（Pablo Ruiz Picasso, 1881—1973）在他九十二年的生命、近乎八十年的藝術活動中，以大約五萬件各種不同類型作品，表明他即使到了晚年依然是且始終是一位藝術的創新者。20 世紀最偉大的藝術家，與他同時代和他身後的藝術家，幾乎沒有哪一個不受他的影響。他無疑是一位天才。

　　天才總是與一般的常人不同，像小提琴家尼古洛·帕格尼尼（Niccolò Paganini），作家

畢卡索，1953 年

喬萬尼・卡薩諾瓦，都既有神性一面，又有魔性的一面。法國記者、作家讓・保羅・克雷斯佩爾在他的《畢卡索：女人，朋友，創作》中就稱畢卡索是「波西米亞的卡薩諾瓦」。實際上，畢卡索的母親早在 1923 年他二十三歲的時候就更為直露地描述他：「小孩子的時候，他的相貌就無人可比，他是美的天使和美的魔鬼……」希臘出生的美國作家阿里亞娜・赫芬頓在 1989 年出版了一部厚達 559 頁的大書，以《畢卡索：創造者和毀滅者》為題，正恰當地展現了這位藝術家的個性。

的確，畢卡索的這種雙重性格表現在他的藝術創作上，也表現在他模特兒的相處中，且表現得尤其突出：他沉湎於美的女性，又喜新厭舊；他對她們既有天使的柔情，又常顯出魔鬼的粗魯。但也正是在這種雙重的相處中，他從她們那裡獲得靈感，成就天才的創造。

畢卡索的第一個模特兒費爾南・奧莉維埃（1881—1966）是法國人，原名阿美麗・朗，已婚。1900 年，他沒有正式辦理離婚手續，就離開丈夫，改名逃到了巴黎。在這裡，這個十九歲的女子很快就找到為幾個藝術家做模特兒的工作，並在紀堯姆・阿波里奈爾等朋友圈子裡待了下來。

畢卡索是 1904 年在拉維岡路 13 號那座藝術家們聚居的「洗衣船」大樓外遇見費爾南・奧莉維埃的。第一次相遇，畢卡索就狂熱地愛上這個年輕的女子，費爾南也接受了他的愛。他為自己真有了一個情婦而感到驕傲，還出於嫉妒，外出時都把她鎖在家裡。畢卡索在許多幅素描和肖像畫中表示了對她的愛。

幾年下來，朋友們都感到，這兩人的同居顯然難以持久，因為他們經常爭吵，而且往往一觸即發。費爾南訴說，她在貧苦的年代裡做了畢卡索的忠實的伴侶，可是現在，他的這個原來一貧如洗的愛人隨著聲譽的擴展，「他目光中火熱的感情已經不只是為她一個人而閃耀」。當初

占有她時的那種熱切的愛，和兩人之間的互相信任在私通證據面前也就突然消失了。八年後，當發現畢卡索另有所愛時，費爾南就離開了他。

畢卡索這第二個情人是以埃娃‧戈爾而為人知的瑪塞爾‧漢伯特（1885—1915）。

生於巴黎東郊樊尚的埃娃，是一個小資女性。她雖然缺乏費爾南的動人美感，但她脆弱、優雅的氣質，溫柔、恬靜的性格，有一種深沉的魅力，更適合畢卡索那比較喜歡沉思的性情。

與埃娃共同生活，使畢卡索感到相當喜悅，1912 年五六月，1913 年春夏，1914 年夏天，他都和埃娃一起在法國東南羅納河東岸的阿維尼翁度過的。畢卡索真的是喜歡埃娃的，他在畫她的幾幅作品中都標上「我愛埃娃」的字樣。不過，縱使埃娃不在 1915 年 12 月 14 死於肺結核，喜新厭舊的畢卡索也不可能和她保持長久，因為一年前遇見奧爾迦‧霍赫洛娃時，他已經明顯表現出對她的愛慕之情。

奧爾迦‧斯捷潘諾夫娜‧霍赫洛娃（Ольга Степановна Хохлова，1891—1955，此前曾依照西語的 Koklova 或 Khoklova 被譯為「科克洛娃」或「柯克洛娃」）出身於烏克蘭切爾尼戈夫區的涅仁城，父親是俄羅斯帝國軍隊裡的上校軍官。少時父母帶她去法國時，看了一次施雷桑夫人的芭蕾舞演出，奧爾迦便喜歡上了芭蕾。出於貴族家庭顯姓揚名的傳統義務，她決心長大以後也要成為一名芭

速寫，躺著的奧爾迦

蕾舞女演員，儘管她的父母都一致反對她學舞蹈。1914 年，她果真如願地進入了由著名的俄國藝術促進者謝爾蓋・帕夫洛維奇・佳吉列夫 1909 年組成於巴黎的「俄羅斯芭蕾舞團」，佳吉列夫接受奧爾迦的理由，僅是因為他喜歡他團裡的女孩子都來自於「高貴的」家庭。

　　芭蕾雖然起始於文藝復興時期歐洲的宮廷表演，尤其是法國的宮廷表演，但幾個世紀以來，技藝時有升落，至 19、20 世紀，只有俄國和丹麥始終保持著高水準。20 世紀，俄羅斯的芭蕾對世界產生巨大的影響，巡迴演出時，所到之處，無不得到崇高的讚響，被認為是 20 世紀最偉大的芭蕾舞團。

　　為了在義大利首都羅馬演出芭蕾舞劇《遊行》，佳吉列夫請法國詩人和藝術家讓・科克托、畢卡索，還有法國作曲家埃里克・薩蒂於 1917 年 2 月去那裡，分別負責編劇、設計布景、服裝和創作配樂。演出獲得成功後，他們回到巴黎。5 月 18 日，芭蕾舞團在巴黎第一區著名的「夏特萊劇院」首演《天堂》（Parade）。《天堂》是佳吉列夫與科克托 1916 至 1917 年專門為「俄羅斯芭蕾舞團」而編創的，也由薩蒂配樂，畢卡索設計布景和服裝，由該團的首席舞蹈家列昂尼德・費多洛維奇・米亞辛編舞並主演。

　　奧爾迦・霍赫洛娃並不很美，只不過有一張端莊、柔和的臉罷了。加入芭蕾舞團後，她最初給人的印象確有一些舞蹈才能，1917 年出演一齣芭蕾舞劇時，她作為四名主演之一，第一次以明星的姿態出現，便達到了專制的佳吉列夫所要求的高標準。但此後就沒有獲得太大的發展，直到二十歲了，還與別的演員的競爭中只能擔任個小角色，再多也不過在群舞中有一小段領舞。只是她出身上層家庭，有一種正統貴族的高貴氣質，一種矜持典雅的行為舉止和貴族化的生活素養，尤其是那為歐洲人所欣賞的優雅風度。所以當畢卡索在埃娃去世之後，經歷幾番偶然的

調情，第一次見到她的時候，立即就眼睛一亮，被她吸引住，產生感情的激蕩。

還在羅馬的時候，畢卡索就開始注意這個身材苗條、一頭秀髮的俄羅斯少女，特別賞識她身上的那種非凡的貴族氣派，於是便一直跟隨芭蕾舞團，也就是跟隨奧爾迦輾轉義大利各地。到了巴黎後，他更盯上了她，如他自己所承認的，說「一見到她，就不能忘懷」。

畢卡索對奧爾迦‧霍赫洛娃的這種感情，有他的心理基礎。畢卡索喜愛俄羅斯的一切，包括喜愛俄羅斯女子。他喜愛俄國作家費多爾‧杜斯托也夫斯基，在他的眼中，每個俄羅斯女子，彷彿都像杜斯托也夫斯基小說《白痴》中的那個美得使人窒息的納斯塔霞‧費里波芙娜。在他的心裡，覺得奧爾迦有一種獨特的美，完全不同於他以前的幾個女友。他曾又驚異又興奮地告訴為芭蕾舞團創作舞曲的俄國作曲家伊戈爾‧斯特拉文斯基，認為她

速寫，奧爾迦寫字

「平靜且有才智」，並說：「只要你想到這一點，就會覺得她具有遠超過舞蹈才能的稀有天賦。」

只是奧爾迦平時很少說話，她對畢卡索的畫作也完全不感興趣，更不留意他的創作情況。她既不痴迷於畢卡索的名聲，也沒有立刻被他的執著所傾倒，對這個放蕩不羈的藝術家，她甚至有點討厭。他們長時間

在羅馬街頭遊蕩時，她會無緣無故地獨自離去，把畢卡索遠遠地落在那裡。有一次，慌亂中他還把他關在門外，不讓他進來。這使使畢卡索十分迷惑，甚至感到沮喪：怎樣才能贏得這個女人？

是奧爾迦‧霍赫洛娃的哪一方面迷住這位畫家呢？

布魯克林學院的藝術和藝術史教授傑克‧弗拉姆在他 2003 年出版的《馬諦斯和畢卡索：他們的競爭和友情》中說，奧爾迦這位「二十五歲的俄羅斯芭蕾女演員，是一個號稱出身於貴族、鬱鬱寡歡且心地狹窄的可愛女子」，「她對現代藝術的特別毫不在意，可能傷他（畢卡索）的自尊，她還抵制他那引發他激情的性追求」。弗拉姆認為奧爾迦「吸引他（畢卡索）的可能只是被她拒絕在他們結婚前和他發生性關係所煽動起來的（情欲），（畢卡索）認為她還是他所謂的 une vraie jeune fille（真正的處女）。她處女的身份和他此前的那類女人不同。在破鞋和女神之間的區別上，她肯定是後一類，雖然只是暫時的。」也許是這樣，但無疑還有別的原因，使畢卡索對奧爾迦真的是一見鍾情、一心追求於她。

的確，畢卡索已經差不多四十歲了，奧爾迦卻這麼年輕，只有二十多歲，在他看來又這麼漂亮。所以佳吉列夫曾警告他：「她是一個俄羅斯女子，要跟她這樣的人結婚，可不是容易的。」畢卡索本人在給女作家蓋特魯德‧斯泰因寫信時也稱頌奧爾迦：「你看她那種高傲的姿態，

畢卡索為奧爾迦撐傘

真正少有的貴族氣派……」他擔心她不會愛上他。她讓他懼怕，又使她克制不住對她的愛戀。是越是不容易得到，才越是引起追求嗎？也許。

緊跟十月革命之後，又是第一次世界大戰和蘇俄的內戰。這給畢卡索帶來了契機，因為當時的形勢使這個舊俄軍官的女兒回不了布爾什維克的祖國了。夏特萊劇院的首演又沒有獲得成功，法國的有些觀眾在演出結束時高喊「俄國人去死吧！」芭蕾舞團無法在法國再待下去了。佳吉列夫只好去拉丁美洲巡迴演出。奧爾迦也隨團去往。畢卡索則追隨奧爾迦而去。在西班牙的巴賽隆納進行連續演出時，畢卡索住在母親家，每天都到佳吉列夫芭蕾舞團所在的地方去。對奧爾迦的愛慕讓畫家萌發出創作的靈感，在這段時間裡，他畫出一幅群舞的速寫，飄逸的筆致描繪七位女芭蕾舞演員的不同舞姿，就像是七位仙女在雲端飛舞。他畫的〈露臺〉表現從奧爾迦及其同伴臥室的一個視窗俯視城市的景色。他似乎向畫中傾注了最豐富情感的那幅是戴髮網的奧爾迦肖像。這是畢卡索為奧爾迦‧霍赫洛娃創作的第一幅肖像。藝術家運用傳統的手法，以豐富的柔情，來表現他這位年輕愛人的美。

到了巴賽隆納之後，奧爾迦和畢卡索之間的感情有了迅速的發展。她同意讓畢卡索帶她去見他的母親，介紹與他母親認識。畢卡索的母親熱情地接受了這個俄羅斯少女，還很有禮貌或是很有興趣地去看她的演出。她深知兒子的心意，說：「我生兒子是為了我自己、而不是為別的什麼人，（我知道他）沒有女人是不會幸福的。」畢卡索感謝母親對她的理解，畫了一幅西班牙女子的像，送給他母親。對於此事，另有一種說法是，他母親不希望他兒子娶一個外國女子為妻，於是畢卡索便把奧爾迦畫成一個西班牙女子，披一襲西班牙民族風格的頭巾，送給他母親，讓她高興。

一次，畢卡索和奧爾迦在巴賽隆納街頭漫步，一個吉卜賽女子走到

披頭巾的奧爾迦·霍赫洛娃

他們跟前，提出要以她們拿手的傳統本領給他們算命。吉卜賽女子先問：「你叫什麼名字？」奧爾迦回答說：「我叫卡門，喜歡跳西班牙舞。你呢？」吉卜賽女子回答：「我叫奧爾迦。」這讓他們兩人覺得真是太奇妙了，心裡非常高興。

現在，擺在奧爾迦面前的只有兩種選擇：在芭蕾舞團裡她可能永遠都只能是一個小角色，繼續她艱難的人生；要不就跟隨這位已經名滿全球的成功畫家。

面對這一現實，奧爾迦決定留下來，留在畢卡索身邊，與他一起。他們先是在巴賽隆納待了半年，隨後一起回到法國。畢卡索的追求得到了回報，他們在巴黎大區上塞納省的蒙特魯日的別墅住下，雇了一個保姆，陪伴畫家兩位的還有幾條狗和一些籠鳥。奧爾迦法語說得不好，帶有濃重的俄語口音，也很喜歡聽畢卡索用很重的西班牙口音給她講述冗長奇異的幻想故事，日子過得不差。

一天夜裡，畢卡索突然被一陣轟炸聲震醒過來。噪音大，反正睡不著了，便在家裡找畫布來作畫，可是找不到空白的畫布，便用濃重的顏料，在一幅義大利畫家莫迪利亞尼的畫上面，畫了一把吉他和一隻燃燒瓶炸彈。

在蒙特魯日，獲得精神滿足的畢卡索還畫出了著名的〈扶手椅上的奧爾迦〉，這讓他贏得造型藝術最高獎的卡內基獎，如今收藏在巴黎畢

扶手椅上的奧爾迦

卡索博物館。這段時間，畢卡索同時還畫了不少奧爾迦像。有一幅速寫，表現他自己坐在餐桌旁，身邊是他的兩隻狗，幸福的奧爾迦像一個少女在桌子對面向著他微笑。此時的畢卡索都是以精巧的富有魅力的自然主義手法來表現奧爾迦的美，完全不同於以前畫奧利維亞，是奧爾迦影響畢卡索改變了畫風。

1918 年 7 月 12 日，按照俄羅斯的傳統，畢卡索和奧爾迦在巴黎達呂街東正教的「聖亞歷山大·涅夫斯基大教堂」舉行了十分講究的正統東正教婚禮儀式；隨後又另外按法國的法律要求，在新娘正式住所的所在地巴黎六區的政府大樓，舉行了一次世俗的婚禮。科克托、阿波里奈爾和馬克斯·雅各三人為證婚人，另外參加婚禮的還有佳吉列夫、蓋特魯德·斯坦因和馬諦斯，但夫婦雙方的家屬都無人參加。富有的現代派藝術贊助人，長居巴黎的智利女子歐仁妮·艾拉朱里茲（1860—1951）也是畢卡索的贊助人，可能還曾是他此前的情人，送給這對新婚夫婦一床紅色真絲床罩，並在法國西南比利牛斯山比亞里茨她漂亮的別墅裡為他們安排歡度蜜月。

自己所愛的女子終於投入懷中，讓畢卡索感到幸福，再也沒有此前的那種焦慮和恐懼了，畢卡索甚至對他們的婚姻滿懷信心。

婚後，畢卡索和奧爾迦住進了位於巴黎時尚地區一條熱鬧街道的新居。奧爾迦作為女主人，就按她的興趣開始裝飾住所，並購置了樣式精美的椅子，以備招待前來看望他們的客人。畢卡索不參與，他只顧自己將原來收藏的雷諾瓦、馬諦斯、塞尚和羅素等人的作品掛到樓上他畫室的牆上去。

雖然經濟已經十分富裕，畢卡索仍然習慣於他簡樸的生活習慣。不過富家出身的奧爾迦要為他購置豪華的服裝，他也不反對，只在上街時，他仍舊比較喜歡穿他原來的那件藏青的外衣。畢卡索覺得，如此地

把大筆的錢花在購買異國情調的東西上面，還不如慷慨地去幫助窮人。他的妻子卻不一樣，她追求俗世的享受，他喜歡進豪華的飯店用餐，喜歡參加聚會、舞會等時髦的活動。奧爾迦甚至會離開畢卡索去丈夫放蕩浪漫的藝術家朋友們那裡去玩。

1918 年 9 月，畢卡索和奧爾迦隨同「芭蕾舞團」去倫敦。佳吉列夫要在那裡演出《天堂》並獻演新創的芭蕾舞劇《三角帽》。新劇也由米亞辛編舞和主演，畢卡索繪景和設計服裝。他們兩人和舞團一起住在豪華的「薩沃依飯店」，晚上則出去參加一次次聚會。每到一處，畢卡索和他這個年輕的妻子都成為人們注目的中心。奧爾迦興致很好，感到無比的歡樂。在奧爾迦的影響下，畢卡索也漸漸地陷入社交生活的漩渦。他在家裡裝起好多個盥洗室和梳妝室，穿起做工精緻講究的晚禮服，西裝背心小口袋裡放一隻金錶，不錯過一次受邀的聚會。一段時期裡，他就完全變得像一個花花公子了。

1918 年 11 月 13 日，畢卡索和奧爾迦搬進巴黎右岸中心畫廊區「魚餌街」的寬大又漂亮的公寓。畫家的摯友阿波里奈爾十分傾慕他們這住所，曾在最後的日記上寫：「要去看畢卡索在魚餌街租到的寬大的新公寓」。可是這位詩人因染上當時席捲歐洲的流行性感冒，高燒不止，雖然此前在戰場上天天與死神結伴，並受過重傷，嚴重虛弱，也回到了家鄉。如今在大戰即將結束的兩天前，卻在這月的 9 日被小小的病毒奪去了生命，畢卡索四天前在電話中聽到這個噩耗時，臉都白了，陷入極度的痛苦中。

時間在過去。奧爾迦因丈夫是一個有固定雇主訂購他的作品而高興，認為她自己可以、也應該為他的創作做他的模特兒。畢卡索繼續以奧爾迦為模特兒，創作出《三位舞蹈家》和《舞蹈小組》等作品。

1921 年 2 月 4 日，奧爾迦生下了孩子保羅。

　　四十年了，畢卡索第一次做了父親，感到異常興奮。他突然覺得自己很驕傲。他畫了許多孩子和妻子的像，如描繪奧爾迦給孩子餵奶或在雅致的傢俱中間彈奏鋼琴的畫作，全都是古典的華麗風格，不僅表現了兒童天真純潔的無邪，還表現出一個父親對他兒子和他寧靜的家庭的親切溫柔的態度。在他的意象中，這些女性就是奧林匹斯山山上的女神。母與子成了畢卡索這一時期畫作的中心主題。

　　雖然畢卡索因賣畫的所得使他漸漸富裕起來，保證他和他的全家過上安適的生活，但與此同時，他極端的藝術個性和他如今的生活產生了衝突。

畢卡索與奧爾迦及孩子在一起

　　畢卡索始終希望自己是一個完全自由的人，他的心情總是變化無常。他曾經對上好的招待和社交有過濃厚的熱情，夜晚的活動不論多久也不減退他的興趣。但後來當他發現奧爾迦所追求的這些社會活動影響到他的創作時，他對這種生活就開始感到厭倦了。在這以衝突中，他越來越發現，他和奧爾迦的興趣和期望都不一樣，他同時還覺得她缺乏他所期待的那種激情，而對藝術的這種激情，在他看來，是一個真正藝術家的生命，甚至比生命還重要。

畢卡索常跟人談到貝爾納‧帕利西（1509—1590）。帕利西是 16 世紀法國胡格諾派的製陶師，主要從事製作彩色鉛釉的簡樸粗陶器，他的作品多為圓或橢圓的碟子、水罐或船形調味壺，飾以花木、禽獸畫或寓言神話故事畫。大約 1565 年為法國國王和王太后製作的樸素陶器使他出了名，作品常被人仿製。他被認為是現代農藝學的創始人和實驗方法的先驅，其科學觀比現代人的更先進。帕利西還是一位作家，著有探索白釉生產奧祕的《黏土的藝術》一書。帕利西在烤製陶器的時候，為了火力的需要，會不惜將傢俱等貴重的物品都投放進火爐中去。畢卡索很喜歡這個故事，把它看做是為了對藝術的激情不惜一切的範例。他宣稱，必要時，他也會將妻子和孩子投放進火爐中，為了藝術，而不是為了滅火。

現在的情況是這樣，奧爾迦總是要讓畢卡索參與畢卡索覺得阻礙他藝術創作的社會活動，同時還懷疑和嫉妒丈夫與別的女人有性關係，常為此爭吵，譴責丈夫對她不忠。她的這種情緒最後導致她失去常態。顯然，婚姻已經難以正常維繫下去了。對此，畢卡索的好友、寫過多部有關畢卡索的著作的英國作家兼畫家羅蘭特‧潘羅斯作了這樣的評述：

> 畢卡索在藝術上雖然有了一系列卓越的發現，但是這期間他的家庭生活卻並不美滿。他強烈地希望能有一個女人對他產生溫柔的友誼，陪在他的身邊，激發情欲的樂趣，並作為他的家庭的傳統支柱。在他年輕時，費爾南的那種豪放而欠細心的性格沒能做到這一點；埃娃已經去世，她原是很有耐心的，但也許過於為命而從了。他當初固然有過迫不及待的占有願望，要和奧爾迦組織家庭，但是不久就顯然發覺，他的西班牙人遵守習俗的願望，還不足以克制她的活潑的性格。奧爾迦和保羅

的許多單獨的或者在一起玩耍的優美肖像，雄辯地說明了畢卡索在早年的忠實，他們之間發生抵觸，是由於畢卡索本能地生怕引誘他和迫使他採取的那種生活方式有礙於他不斷地創作富有創造性的作品。他向她求婚成功，後來生了一個孩子，這是他們婚姻中僅有的創造性的一面。這件事一旦完成，他們兩人意願的不一致，便逐漸導致了另一方面，那就是她變成了畢卡索生活中必不可少的精神自由的威脅。

（周國珍等譯文）

　　由於遺產繼承手續的技術性問題，使離婚的事無限期拖延。畢卡索和奧爾迦未能離婚，但一直分居。在這種情況下，當畢卡索 1927 年 1 月 9 日在豪斯曼林蔭大道見到一位金色頭髮、一對動人的灰藍色眼睛充滿青春活力的美貌姑娘時，便一直緊盯住她看，甚至緊跟在她後面，呼喚說：「小姐，你有這麼一張誘人的臉蛋，我要為你畫像。我是畢卡索。」並堅持說，只要他們兩人一起，「會做出許多大事」。於是，這個「有一張誘人臉蛋」的瑪麗·泰雷茲·瓦爾特（Marie-Therese Walter, 1909—1977），便自然而然地成為奧爾迦的替代。後來還有朵拉·瑪律（Dora Maar, 1907—1997）、弗朗索瓦·吉洛（Francoise Gilot, 1921— ）、雅克琳·洛克（Jacqueline Roque, 1927—1986）。他們都成了畢卡索的模特兒和繆斯，他的靈感的來源。但一個個的情況都和前幾個類似：每當畢卡索發現在她們的身上已經再也獲取不到創作的靈感時，他就覺得他和她的關係已經成為他創造性創作和精神自由的威脅。人們會很自然地抨擊畢卡索這種喜新厭舊的作風。但是在偉大藝術家畢卡索看來，沒有什麼比創造性的創作和精神自由更重要的了，為了這精神自由，他是可以將什麼都不惜地投放進火爐中去的。

達利的加拉

　　「心理分析」理論的創始人、奧地利心理學家西格蒙德・佛洛依德在他著名的論文《作家與白日夢》中宣稱：「作家想像中世界的非真實性，對他的藝術方法產生了十分重要的後果；因為有許多事情，假如它們是真實的，就不能產生樂趣，在虛構的戲劇中卻能夠產生樂趣」；並堅信「他（作家）對這個幻想的世界懷著極大地熱情」（裘小龍譯文），即把它用來作為創作的題材。實際上，任何創造性的藝術家都是如此。1930年代世界最著名的超現實主義畫家薩爾瓦多・達利（Salvador Dali, 1904—1989）就以探索潛意識心靈產生的意象而著稱。

達利，1972 年

　　探索幻想性的意象是達利的天性。從童年時代起，達利便喜歡沉迷在幻想的白日夢中，且畢生如此，如他在自傳《薩爾瓦多‧達利的祕密生活》中說的：「從早晨七點鐘起床後，我的頭腦整天都不知道休息」，「做我的白日夢」。他稱這白日夢為「虛假記憶」，並認定「真記憶和假記憶的不同之處與珠寶的情況相似：假的顯得更真更光彩奪目。」（歐陽英譯文）這就是達利的「超現實世界」。他這「超現實世界」的產生有時竟然達到十分奇妙的地步。

　　童年中的一次，在看他老師特拉依代爾先生的活動畫盒時，達利就在這他稱之為「視覺戲劇」中，

　　　　首次看到了那位俄國少女震撼心靈的影像。我感到她穿著白色毛皮大衣，坐在三套馬車的內部，一群眼睛閃著磷光的狼追趕著這套馬車。她一動不動地凝視著我，表情裡有種嚇人的高傲，讓我心情沉重。她的鼻孔與她的眼睛一樣有生氣，這賦予了她一種森林間小動物的樣子。這種活潑的生氣和面孔的其他部分形成鮮明的對比，使她具有了與拉斐爾筆下的聖母相似的特徵……

　　請注意：那時的活動畫盒，就像幻燈片或人們所常見的「西洋鏡」，只有一個個畫面，上面的人物沒有動作、沒有表情。但是達利卻在這裡幻想出這個俄國少女以「嚇人的高傲」在「凝視著」他，從而如他後來所認定的：

　　「這是加拉嗎？我確信這就是加拉了。」

　　莫非這個自覺具有「子宮內的記憶」的天才，在七八歲的時候就預

感到當時已經或者以後將會愛上成年後成為他妻子的俄羅斯女子加拉？或者在這出「視覺戲劇」中，這個北國的俄羅斯女子當時就跟達利的心靈發生了撞擊？這雖然確實奇妙得無法置信，但還是可以解釋的。

人對客觀事物的感知，並不是任何刺激都會產生反應的。行為心理學派以（S—→R）的公式來表達「刺激—→反應」的直接關係。但瑞士心理學家尚·皮亞傑透過研究，認為：「一個刺激要引起某一特定反應，主體及其機體就必須有反應能力。」因此他更改了這個公式，解釋道：「說得更確切一些，應寫作 S（A）R，其中 A 是代表刺激向某個反應格局（schema）的同化，而同化才是引起反應的根源。」（《發生認識論原理》，王憲鈿等譯文）這就象徵了在達利的心理格局中，出現在這出「視覺戲劇」中的，只有像加拉這樣的俄羅斯女子，而不是別種類型的女子，才會引發對他的刺激。因而也就不難理解，為什麼達利會堅信「我覺得加拉就是我虛假的記憶中被我稱為加露琪卡（加拉的愛稱）的那位小姑娘……」他理想中所愛的女子了。

達利念念不忘的這個加拉原名葉琳娜·德米特里耶夫娜·嘉科諾娃（Елена Дмитриевна Дьяконова，1894—1981）。她生於俄羅斯伏爾加河流域韃靼地區喀山的一個小職員家庭。童年時，父母離異，也有說是她十歲那年，父親在西伯利亞開採金礦時死於貧困。後來，母親嫁給

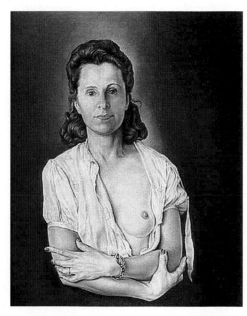

達利表現加拉的作品〈加拉琳娜〉

了富有的律師德米特里・伊里奇・岡貝爾格，全家遷往莫斯科，一切才開始轉機。葉琳娜和繼父關係很好，像喜歡親生父親一樣的喜歡他。繼父有很多朋友，都是律師、教授、作家等人。因為有了他，使這個聰穎的女孩得以進入大基斯洛夫斯基巷弄 4 號的「勃留霍年科女子學校」，一家在沙皇時代只有上層女子才能進的學校，受到良好的教育。在這所學校裡，未來大詩人瑪琳娜・茨維塔耶娃的妹妹阿納斯特西婭・茨維塔耶娃是她的同學，和她增強了友誼，使她狂熱地愛上了詩歌。

　　1912 年，葉琳娜被診斷出患有肺結核。在當時，這還是一種可怕的疾病，因為治療此病的特效藥鏈黴素要等幾十年後才發明出來。於是，繼父花錢讓她去瑞士東部著名的肺病療養地達沃斯一家 1903 年開張的名叫「克拉瓦代爾療養院」的私人診所去養病。在這裡，這位快到十九歲的少女認識了一位來自法國的青年歐仁・格蘭代爾（1895—1952）。

達利表現加拉的作品〈加拉的天使〉

　　當時，歐仁・格蘭代爾只是一個愛好寫詩的人，但是十多年後，他以第一部重要作品《痛苦的首都》（1926）和隨後的《公共玫瑰》（1934）、《豐富的眼睛》（1936）等詩作，使他以「保羅・艾呂雅」的筆名獲得 20 世紀重要的抒情詩人之一的美名，還是超現實主義的創始人之一。

　　葉琳娜・嘉科諾娃也不是一個普普通通的女孩子。法國作家讓—夏爾・加托在《艾呂雅傳》

中寫道：

　　她天資聰慧，如痴如醉地讀過杜斯托也夫斯基和托爾斯泰
的小說，她關注文學和藝術方面的新聞。在 1913 年，她畫過一
幅立體派的素描，她很熟悉俄國的象徵主義者。無庸置疑，她
以其知識的魅力、性格的熱情、正確可靠的判斷以及斯拉夫人
的特質，征服了年輕人（指歐仁·格蘭代爾）。

（顧微微譯文）

　　歐仁·格蘭代爾雖比葉琳娜小一歲，但很快就被這個黑眼珠的、性
感的俄羅斯姑娘所吸引；而對詩的愛，也讓她對天生賦有詩才的歐仁一
見鍾情。

　　室外大雪紛飛，療養院的環境卻非常舒適。兩個人在一起，有說
不完的話。他給她讀他寫的詩，她對他說：「你會成為一個很偉大的詩
人。」自然，兩人也調情，在這位法國詩人的詩中，可以明顯看出肉體
誘惑的痕跡遠遠多於感情狂熱的痕跡。葉琳娜·嘉科諾娃成了詩人的繆
斯。他寫道：「我理想的美不再是星星／我要用我歌唱星星的詩韻／……
來歌唱你的眼睛。」夏爾·加托在傳記中也引了這麼一段抒情詩句：

　　哦，如果說今晚，是世界上最美好的夜晚，或世界只是為
這一時刻而創造，那該有多好！一如兩朵蘊含雷雨的雲，我們
的兩顆心融合在一起。哦，都愛得支援不住了，你的心依偎著
我的心。

　　歐仁稱葉琳娜為加拉（Gala），在法語裡，Gala 是「盛宴」的意思，他大概以此來表達愛的享受。加拉將歐仁的這些詩作，共十四則描寫這對祕密未婚夫婦對話的作品集起來，於 1914 年出版了一冊題為《無用之人的對話》的三十頁的小書。加拉還為集子寫了前言，說：「你們不會意想不到，一個讀者所不熟悉的女人的想法好不好。作者認識我，我認識他有一段時間了。我覺得他的作品將會是一部小小的傑作。……」

　　時間不長，到了世界大戰開始、格蘭代爾於 1914 年 12 月應招入伍兩人分別時，他們已把自己視為一對未婚夫婦了。只是因為戰爭，加拉也只好回俄羅斯，直到 1917 年 2 月 21 日舉行婚禮，在此之前，兩人只在歐仁的病假和休假期間有過幾次聚合。第二年 5 月 10 日生下女兒賽西爾。於是，情愛之外又加上了父愛：「世上所有的同志，／哦，我的朋友們！／都抵不上在我圓桌旁的／我的妻子和孩子們，／哦，我的朋友們！」

　　因為歐仁仍在服役，這對新婚夫婦只是找機會，如丈夫生病請假或住院時候得以在租來家裡團聚。加拉對丈夫盡心照料，同時在巴黎做私人教師，兩人一起翻譯俄國未來主義詩人大衛・布林柳克的詩作，甚至擬出長期的計畫。加拉的愛賦予艾呂雅靈感，讓他創作出許多優秀的詩篇，特別是後來收集進《痛苦的首都》中的那些。

　　只是這兩個人都不能「躲避誘惑」。於是，從 1930 年代起，這對夫妻互相給予了自由。艾呂雅找到他新的靈感，一個以「努什（Nusch）」之名為人所知的超現實主義藝術家、畢卡索的模特兒瑪利亞・本茨（1906—1946）。加拉呢，她被德國畫家和雕塑家馬克斯・恩斯特（1891—1976）所吸引。

　　恩斯特描述這個「俄羅斯女子……柔軟而有光澤的形體，一頭低垂的黑髮，微微東方式的發亮的黑眼睛和一身纖弱的小骨架，不由讓人想

達利創作的加拉雕像

起一隻黑豹。」兩人之間的私情就無人不知。加拉裸露胸部、為恩斯特擺姿勢畫畫。恩斯特從她那裡吸取靈感，創作了一些畫作。他為她畫了七幅肖像畫，另一幅〈朋友們的聚會〉極為有名：畫的前排，馬克斯‧恩斯特自己坐在加拉所酷愛的作家杜斯托也夫斯基的膝上，加拉則出現在後排的最右端，斜露出四分之三的背部，以神祕的目光轉向正在畫她的這位畫家。艾呂雅站在後排中間偏左的位置，若有所思地凝視著自己的左手。其他朋友中包括後排最左邊的菲力浦‧蘇波，後排右邊數過來第四個的路易‧阿拉貢，和他旁邊的安德列‧布勒東。加托稱讚這幅超現實主義的作品「價值相當」於法國藝術大師居斯塔夫‧庫爾貝（1819—1877）的名作〈畫室〉。

　　一段時間的自由行動之後，艾呂雅和加拉的愛情死而復甦，獲得了新生。詩人異常興奮，他這麼描述自己的心理：「我一度以為自己已不再愛她了，可以四處漂泊了。可是瞧，我又找回了她，重新界定了她的地平線。」彷彿真的是這樣。他 1925 年的《假如沒有寧靜》出版，裡面彙集了四首詩：詩體的「你的橙色頭髮……」與「你的金色嘴唇……」和散文體的「授意的智慧……」和「她是……」，以及十四句格言；加上恩斯特所配的二十幅素描插圖，對加拉的臉作無休止的表現，看起來似乎的確鞏固了艾呂雅和她繆斯的和解，讓詩人在書中不由歡呼：「夜晚，……遠處的大地碎成了靜止的微笑，天空籠罩著生命。一顆嶄新的愛情之星從四面八方升起——結束了，再沒有黑夜的考驗。」

　　「再沒有黑夜的考驗」了嗎？傳記作家說：「可是有一種純精神方面的不協調，使詩人和喚起其靈感的女子之間共謀關係產生了裂痕。」精神方面不協調造成的裂痕，是難以修補的。於是，一旦黑夜降臨，不論艾呂雅還是加拉，都會經不起考驗。1929 年 3 月，艾呂雅與一位他稱她為「蘋果」的柏林女子愛麗斯‧阿普菲爾陷入一段暫短的愛情；兩年後，

他與加拉離婚，隨後娶瑪利亞‧本茨為妻。加拉也從 1929 年起認識西班牙超現實主義畫家薩爾瓦多‧達利 (Salvador Dali,1904—1989)，最後成為他的繆斯。

1929 年春，熱衷於超現實主義的艾呂雅和加拉，與比利時超現實主義畫家勒內‧瑪格裡特等去西班牙旅行時，專程前往加泰羅尼亞里加特港的美麗小鎮卡達凱斯，去拜訪正開始以超現實主義藝術家之名飲譽世界的薩爾瓦多‧達利。達利真正注意到加拉的是在碰面後的第二天，發現她正身穿泳裝躺在沙灘上：「我剛辨認出她裸露的背。」他回憶說，「她的身體有兒童般的體格，她的肩胛和腰部肌肉有青春期那樣略顯不自然的強健張力。相反，背部的凹陷處卻是非常女性化的，與富於活力的軀幹優美地結合起來，並且自豪地展示出十分美妙的臀部，這使她的細腰更加令人著迷了。」達利覺得她這軀體真是一件「精湛完美的傑作」。

「在這個年長他 10 歲的漂亮女子身上」，夏爾‧加托說，達利「認出了他理想中的女性」。

他說，加拉就是他「虛假記憶中被我稱為加露奇卡的那位小姑娘，加露奇卡也就是加拉的愛稱」。於是，他便立刻瘋狂地愛上了她，並甘願盡自己的一切，異常周到地照顧她，給她拿坐墊，送水，安排她坐在能飽覽景致的地方，只要需要，哪怕為她脫一千次鞋，穿一千次鞋。他激烈的愛，甚至使他出現一種他

達利畫加拉的作品〈加拉的實體和虛像〉

所謂的「歇斯底里綜合症」，例如他說「在散步途中我能摸她的手，哪怕只摸一秒，我的所有神經就會顫抖群起來」。不過達利說，也多虧有加拉的愛，才治癒他這一病態。因為有了她，使他能夠像「中了魔法似的」，歇斯底里的症狀一個接一個地消失，新的健康「像一朵薔薇」那樣在他的頭腦中生長起來。於是，他又稱她為「我的格拉迪瓦」。

達利用「格拉迪瓦」這一名稱，具有深意。

格拉迪瓦──Gradiva，拉丁文的意思是「行走的女子」，原是西元前 4 世紀古希臘建築頂樓──淺浮雕上的人像，它表現一個穿著罩袍的女子，正兩手提起裙子的折邊，信步前行。德國作家威廉·詹森（1837—1911）曾以這女子為基礎，於 1903 年寫了一部小說《格拉迪瓦》。在這部小說中，格拉迪瓦是治好男主角哈諾爾德的精神病的女子的名字。1907 年，西格蒙德·佛洛依德在他的著名論文《威廉·詹森「格拉迪瓦」中的譫妄與夢》分析哈諾爾德產生的迷戀癖，是他童年時代情感得不到實現的一種替代。達利稱加拉是格拉迪瓦，就是把加拉看作是他當年在特拉依代爾老師的「視覺戲劇」中看到那位可望而不可得的震撼心靈的俄國少女的替代。如今，他歡呼加拉「用她的愛情治好了我的瘋病」，於是，他興奮地高喊：「加拉，我的妻子，你是真正的格拉迪瓦！」

對於加拉和達利的關係，艾呂雅表示認可，但以為不會持久，並將 1929 年出版的一冊詩集《詩歌，愛情》奉獻給她。但是加拉和達利的關係仍在繼續，雖然也和艾呂雅通信，即使兩人於 1931 年 7 月離婚之後也在繼續，詩人甚至直到去世前都還寫情書給加拉。他至死都不相信她會不再愛他，而認為總有一天，他會回到他的身邊。但這不過是他的一廂情願。

達利的父親認為他兒子和超現實主義的關係會對他的倫理道德產生

壞影響，更看不慣他和這個俄羅斯女人的浪漫情感，對他們的這種情感表示強烈的反對。這導致他父親和他的決裂。

　　達利和加拉於 1930 年 1 月回到巴黎。到巴黎後，達利想到的第一件事就是買些花送加拉。在一家花店，他表示要買最好的花，見花瓶中插著一大束紅玫瑰，一問，店員說是三法郎。達利一開口就是十束，讓店員感到吃驚。誰知三法郎只是一支的價格，而每束可有十支，於是總價是 3000 法郎。結果，達利只好掏光身邊所有的錢，以 250 法郎買下一束紅玫瑰。

　　達利和加拉在巴黎的伴侶生活，賦予達利深刻的靈感，使他在這段時期裡創造力高漲：繼他與西班牙導演路易士・布努埃爾合作、充滿怪誕意象的超現實主義影片《黃金時代》於 1931 年 1 月在倫敦首映之後，11 月 16 日，他以 18 幅油畫、2 幅素描參加在美國康州哈特福德市舉辦的「新超現實主義」畫展。1932 年 1 月，他先是以 3 幅油畫參加在紐約朱利葉・列維畫廊舉辦的「超現實主義」展覽，然後以 27 幅畫作於 11 月 11 日至 12 月 10 日在這家美術館舉辦個人展覽；同年還在皮埃爾・科勒畫廊第二次舉辦個人展覽。從 30 年代初起，達利在他創作的繪畫上開始並署他和加拉的名字：「加拉 - 薩爾瓦多・達利」，他向加拉解釋：「加拉，

達利和加拉

這主要是因為擁有妳的活力，才讓我創作出作品。」也是從這時開始，加拉便成為達利的代理人，並在多方面幫助他，甚至對他的創作方向都產生影響。

1934 年，達利和加拉在巴黎的西班牙領事館舉行婚禮，後來又像另一個西班牙藝術大師畢卡索那樣，於 1958 年舉行了一次宗教婚禮儀式。1934 年，達利和加拉在巴黎的西班牙領事館舉行婚禮。從此之後，差不多有三十年，加拉都是達利生活中的一切。

或許會讓人感到遺憾：據多數同時代人回憶，加拉性欲強烈，在她的整個一生中，有過多次的婚外情，包括和他的前夫保羅‧艾呂雅。她尤其喜歡年輕的藝術家，常給他們贈送昂貴的禮物，如在 70 年代，她已有六十多歲，還愛上著名搖滾歌手傑佛瑞‧芬霍特（1951—），送他多幅達利的畫作，還送他 100,000 美元。有觀淫癖的達利不但默許，有時甚至慫恿。

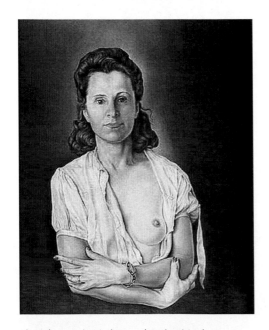

達利表現加拉的作品：〈加拉琳娜〉

在達利的心目中，加拉始終是他唯一的繆斯，時時從她那裡獲得創作的靈感。達利的很多繪畫和雕塑都是以加拉為模特兒。達利大量的繪畫都表現自己對加拉的最高的愛，〈加拉的天使〉、〈加拉琳娜〉、〈加拉和維納斯的誕生〉、〈原子勒達〉等，無不表明加拉是他的靈感源泉。在 1944 年的〈加拉琳娜〉中，加拉臉孔表情嚴肅，正面對畫家。她臂上的蛇，是英

國詩人和藝術贊助人愛德華·詹姆斯贈送的禮物。加拉畫她裸露的乳房，是象徵麵包和他賴以創作的靈感之源。另一幅1949年的〈原子勒達〉也極有意思。

勒達是希臘神話埃托利亞國王忒斯提俄斯的女兒，斯巴達王廷達瑞斯的妻子。眾神之王宙斯化作天鵝來接近她，生下雙生子波魯克斯和海倫，兩個都是從蛋中出生。古希臘和文藝復興時期的藝術家都特別熱衷於這個題材，如達文西和

達利表現加拉的作品〈原子勒達〉

柯勒喬的〈勒達〉，都是知名之作。〈原子勒達〉裡的勒達就是加拉的正面像，她所坐的底座的左側就是宙斯——達利的化身天鵝。達利在〈榮福童貞瑪利亞〉和〈里加特港的聖母〉等畫中還把加拉當作聖人來描繪。里加特港是達利和加拉1948年起在西班牙的住家地，在〈里加特港的聖母〉中，正中坐的聖母瑪利亞就是加拉，膝蓋上的是聖嬰耶穌，這聖母便是加拉為他擺姿勢做模特兒畫出的。直到1978年，加拉已經七十多歲，達利還把她表現為是美麗的維納斯。總之是在達利的心目中，加拉就是海倫，就是天使，就是維納斯，就是勒達，是他的最愛和最神聖的人。

加拉——葉琳娜·嘉科諾娃於1982年6月10死於心肌衰弱。達利依然記得她，對她充滿感激之心。後來，達利對自己的藝術前景有了進

達利表現加拉的作品〈里加特港的聖母〉

一步的認識，感到必須讓他的超現實主義和傳統的藝術結合起來，否則他的超現實主義就沒有價值。但他對這一轉變又缺乏信心。他說，有賴於加拉，因為她說服他相信自己，而「不要在我微小的成功中停滯不前」，於是他就決心「為著意義重大的事情去奮鬥。第一件事就是把我生活的體驗古典化，賦予它一種形式，一種天體演化論，一種綜合、一種永恆的建築」……無疑，加拉的成功中有他繆斯的一份努力。

馬諦斯的麗季雅

　　一個裸體女子，長期在一位男性藝術家的創作室做模特兒，每天，兩人朝夕相處，關係越來越接近、越來越親密，隨後就發生了性關係，同時也激發藝術家的創造靈感，這樣的事發生過千百次。但是亨利・馬諦斯不一樣。馬諦斯不像他同時代的某些獵豔藝術家，他一般都放棄與模特兒的性關係，和她們主要只保持柏拉圖式的感情。自然，這並不是說馬諦斯是一個非同凡人的天使，也不是說他跟這些漂亮的女子一起時完全沒有性衝動。只是因為他不特別好色，他只是比人們所知的那些藝術家更會自我控制。可是這仍然不能使馬諦斯夫人放心，她對她丈夫和麗季雅・捷列克托爾斯卡雅之間的親密關係仍然感到是對她的嚴重威脅。

　　漂亮的俄羅斯少女麗季雅・尼古拉耶夫娜・捷列克托爾斯卡雅（Лидия Николаевна Делекторская, 1910—1998）生於西伯利亞西部的托木斯克。父親尼古拉・伊萬諾維奇・捷列克托爾斯基是一位受人尊敬的醫生，有穩定可靠的經濟收入。所以看起來這應該是一個理想的

漂亮的麗季雅

家庭，至少生活上沒什麼可擔憂的，尤其麗季雅作為父母的獨生女兒，更應得到特別的寵愛。誰知如一篇介紹麗季雅的傳略中說的，「人算不如天算」。雖然在「十月革命」和國內戰爭中，他們一家都沒有人遭到過流血犧牲，可是 20 年代初，西伯利亞傷寒、霍亂瘟疫流行，居民一批批死亡。尼古拉‧伊萬諾維奇在醫治病人時，自己也因染上傷寒而殉職，母親維拉‧巴甫洛夫娜也死於霍亂。於是麗季雅在 1922 年便成為一個孤兒。母親的姐姐安東尼婭‧亞列山大洛夫娜收養了她。1923 年，安東尼婭姑姑和她丈夫帶著孩子，乘這混亂的歲月，全家逃離革命後的俄國，移居滿洲裡。在那裡，他們雖然生計維艱，仍設法讓麗季雅在哈爾濱一個鎮上的中學學習俄語、接受以「責任和膽識」為宗旨的傳統價值觀教育。1928 年，中國和日本發生爭端，滿洲裡當局強迫他們離開，於是他們又移民到了法國，並在法國度過他們的一生。

　　像麗季雅‧捷列克托爾斯卡雅這麼一個不會說法語俄羅斯移民，到了巴黎之後，要想在這個世界花都立足，可想而知是非常不易的。她曾有過一個美好的理想，希望將來做一名醫生，可是由於付不起費用，只好放棄學醫的念頭。十九歲那年，麗季雅嫁給了年紀比她大得多的俄國流亡者伯里斯‧奧梅爾琴柯。不用說，這樁婚姻是不幸的，一年後，麗季雅離開了他，找了另一個俄羅斯人，被迫陷入感情的遊戲。

　　現在這個年輕女子二十二歲了，她沒有家，雖然懷有思鄉的情緒，也不敢回這個聽說是革命後專制的俄國；她身無分文，又不懂法語，儘

管對法國一無所知，也只有孤身四處投奔。最後，命運或是機遇把她帶到了尼斯，帶到畫家馬諦斯跟前。

法國野獸派運動的領袖亨利‧馬諦斯（Henri-Émile-Benoît Matisse, 1869—1954）是一位油畫家、雕刻家和版畫家，以使用鮮明大膽的色彩而著名，與畢卡索一起被視為 20 世紀法國畫派兩位最重要的藝術家。

馬諦斯最初學的是法律，後在患闌尾炎期間嘗試作畫時，發現繪畫創作「有如在天堂裡」的感覺。於是就從 1891 年起，進朱利安學院學習繪畫，成為威廉‧布格羅和古斯塔夫‧莫羅的學生。在學習繪畫期間，他同時還深受尼古拉斯‧普桑、安托宵‧華托、讓‧卡爾丹、愛德華‧馬奈與印象派畫家塞尚、高更、梵谷和希涅克的影響；另外又吸收了雕塑家羅丹和日本藝術的滋養，在作品中將色彩的作用發揮到極致；從 1899 年 1905 年間，他多採用他的同胞保羅‧西涅克的點彩技巧。

馬諦斯 1904 年在昂布魯瓦茲‧沃拉爾的畫廊首次展出他的作品，但是未能成功。1905 年去南方和安德列‧德蘭一起工作、並在「藍色海岸」，即是法國南部地中海海岸線一帶待過一段時期之後，他就更喜愛上了明亮的、富有表現力的色彩，成為現在稱為「野獸派」的一群藝術家的領袖。1906 年後，野獸派運動逐漸衰落，但馬諦斯仍舊依從自己的風格，兩年裡創作出許

馬諦斯，1913 年

多優秀作品。1908 年，他發表了闡明他創作理念和美學觀點的《畫家的札記》，聲稱：「我所夢想的藝術，充滿著平衡、純潔、靜穆，沒有令人不安、引人注目的題材。一種藝術，對每個精神勞動者，像對藝術家一樣，是一種平息的手段，一種精神慰藉的手段，熨平他的心靈。對於他，意味著從日常辛勞和工作中求得寧靜。」他畢生的作品，無不貫徹這種精神。

從 1914 年起，馬諦斯非常喜歡南方氣候溫和的尼斯，四年裡，他都在巴黎、尼斯和最南邊一個景色優美的寇里瓦爾過的。20 年代中，以及以後的更多時間也都在尼斯，他甚至 1954 年 11 月 3 日心臟病發作也在尼斯去世。他大量的作品都是在尼斯完成的。

像別的藝術家一樣，在歷年的創作中，馬諦斯先後曾聘用過多個模特兒。

馬諦斯的第一個模特兒艾美利・帕雷爾是一個來自法屬科西嘉島的女子，於 1898 年 1 月與畫家結婚。艾美利為畫家 20 世紀初期的油畫創作擺姿勢，馬諦斯的〈戴帽子的女子〉和〈馬諦斯夫人像〉，是這個時期的代表性作品。

幾年後，馬諦斯雇了職業模特兒露露・布緹。1909 年，她和馬諦斯一家在地中海一個偏僻的漁村過了整整一個夏天。馬諦斯全家都很喜歡她，她陪同他們的女兒瑪格麗特、兒子比埃爾和讓一起玩，並常陪伴艾美利，還向馬諦斯學習游泳和繪畫。露露是一個典型的巴黎女子，顯得有點粗野。她因黑色的頭髮，貓咪一樣的臉，柔軟的軀體，被夏日強烈的陽光曬了的皮膚，以致馬諦斯的學生們給她取了個外號，叫「義大利落日」。

後來有一個只知道叫洛雷特而不知其姓的義大利女子。洛雷特受過模特兒的職業訓練，此前曾為別的藝術家做過模特兒。洛雷特原來是一

馬諦斯在工作室

個面黃肌瘦的天真女孩，如今，在二十八九歲、三十多歲之時為 47 歲的馬諦斯做模特兒，穿上豪華的服飾，一副放縱的模樣。馬諦斯以她畫西班牙蕩婦，畫土耳其後宮，畫巴黎妓女。僅是 1918 年馬諦斯從巴黎搬到尼斯一家旅館的 12 個月裡，他就差不多有 50 次作品是以洛雷特為模特兒的。

隨後是身材苗條、皮膚白皙、天生一副法國式優雅的安托瓦內特‧阿爾努。但是 1921 年，安托瓦內特‧阿爾努懷孕了，辭去這一職業。馬諦斯另找了原來就職於尼斯一家電影製片廠的二十歲的亨利埃特‧達里卡里埃來替代。亨利埃特是舞蹈家，還是一名演員，又受過小提琴訓練，本是一個很理想的模特兒。可是時間不長，亨利埃特就因為要去結婚，離開了馬諦斯。而這時，美國著名的美術品收藏家巴恩斯找馬諦斯，要他為他裝飾他的美術大廈，馬諦斯答應了。但是沒有一個模特

兒，不難設想，他是無法完成這項任務的。

亞伯特‧庫姆斯‧巴恩斯（1872—1951）具有醫學博士學位，朋友一般都叫他巴恩斯博士。巴恩斯博士因為發明了防腐劑弱蛋白銀發了財，成為一個巨富，1905 年在費城郊外的梅里翁建造起一座大廈，開始收藏繪畫，設立巴恩斯基金美術館。幾年來，他收藏了雷諾瓦的作品一百幅，馬諦斯的作品六十幅，塞尚的作品五十九幅，畢卡索的作品三十五幅，其他美術珍品一千餘件。

1932 年秋，馬諦斯在他尼斯的工作室為巴恩斯在梅里翁的美術館創作壁畫〈舞蹈〉。這年，馬諦斯已經六十三歲了，他覺得自己已經很難應付許多日常事務，急需找一個助手。正好這時，離婚後不得不重新安排生活的麗季雅‧捷列克托爾斯卡雅於 1932 年 10 月離開巴黎來到尼斯。她聽說尼斯有很多俄國人，希望在這裡可以找到合適的工作來謀生。但是當時法律的排外性只允許移民從事臨時的和低賤的工作，像她這樣的一個俄羅斯女子，可做的就只有電影廠的編外工，兒童保育員和其它沒有正式合約的工作。於是，她就先是給幾位藝術家做模特兒，這種脫衣服的工作在當時被認為是最低賤的。不過麗季雅不這樣認為。她喜歡這一工作，雖然是臨時的。她只是討厭有些藝術家的輕浮。就是這讓她厭惡的輕浮，使她不得不換過幾個主顧，最後找到了馬諦斯，為他所雇用。

六個月後，壁畫〈舞蹈〉完成了，麗季雅走了。馬諦斯又得設法重找一個助手。一天，麗季雅突然又來他家。麗季雅也不是不經思考就輕率地回來的。在此前半年的相處中，馬諦斯慈祥而朋友教養的舉止，讓麗季雅覺得好像是對她早年流動漂泊生活的一種滋補。此前在她單獨的艱難行程中，她遇到過多個不友善又不可信的人，但是在與馬諦斯的相伴期間，她看到了慰藉，看到了恩惠。

麗季雅主動向馬諦斯提出，要求來照顧他那大部分時間臥病在床的夫人。開始，她是像護士那樣每天來「護理」她，到晚上再回她自己的家。後來，她同意「在他們家吃住」，每月結算一次薪水。從 1933 年 10 月，直到大師去世的差不多二十二年時間裡，她都在馬諦斯身邊。

當馬諦斯第一次在尼斯這個法國東南濱海的港口城市見到麗季雅‧捷列克托爾斯卡雅時，他覺得，這個俄羅斯姑娘當時是一無所有，除了她的機智、她的傲慢和她堅定不移的意志，當然，還得加上她的美貌。

馬諦斯和麗季雅在尼斯，1927 年至 1928 年

在此之前，紳士風度的馬諦斯好像完全沒有注意到他這個護士兼管家的美貌。是在有一天，馬諦斯像往常那樣要給他的妻子倒茶，但是還沒有來得及，發現麗季雅已經給她倒好了。這時，馬諦斯才看清麗季雅這個西伯利亞的金髮女子，有一雙蔚藍的眼睛，明顯不同於他以前雇用的幾個黑眼睛、黑頭髮、橄欖色皮膚的南方地中海型的模特兒。他覺得她簡直是一個「冰凌美人」。

從此，每天早上在為馬諦斯夫人忙碌過一陣子之後，畫家就讓麗季雅進他的工作室，因為創作需要有個「模板」，看麗季雅‧捷列克托爾斯卡雅兩臂擱在椅子上或者椅背上，頭倚在手臂上，一幅優雅的模樣，

麗季雅為馬諦斯擺姿勢

　　馬諦斯覺得真是一個十分理想的模特兒。於是，馬諦斯就讓麗季雅為他擺姿勢。這年麗季雅二十五歲，馬諦斯六十五歲。

　　馬諦斯最初畫麗季雅的油畫，如 1935 年的〈玫瑰色的裸體〉，憑藉他完美的技藝和本能的直覺，以他所謂「最基本的線條」，創造出平面的女性美的象徵。為馬諦斯創作這幅作品，麗季雅作為模特兒擺姿勢花了六個多月的時間。馬諦斯的兒子比埃爾對他父親說，〈玫瑰色的裸體〉象徵了他作為畫家精神上的昇華。

　　這年秋天，麗季雅為馬諦斯擺姿勢，畫一個正被半人半獸薩堤爾追求的仙女。在創作時與她相處的過程中，麗季雅體會到馬諦斯「知道如何溫文爾雅令人著迷。他那麼的富有魅力，又是那麼的令人感動。他懂得如何支配我。」

　　隨著時間的過去，麗季雅更感受到馬諦斯是一個仁慈而又溫柔的老

紳士，不像她之前遇到的幾個藝術家，要來摸摸她，還要扒她的衣服，使她厭惡做一個模特兒。而馬諦斯，從來沒有過這種出軌的動作。「漸漸地，」捷列克托爾斯卡雅寫道：「我開始感到適應，而不覺得『拘束』了……最後，我甚至對為他工作產生了興趣。」在感情的交融中，馬諦斯也說：他最終也像認識字母表似的，從心底認識她的臉和她的身體。他們共同建立的合作關係讓麗季雅重新感覺到自身的力量和價值。

不管麗季雅·捷列克托爾斯卡雅如何堅持說她和馬諦斯的關係純粹是柏拉圖式的，馬諦斯夫人依然非常嫉妒。常常是，與另外一個人的親密關係，即使完全是職業上的或是感情上的親密，也往往比性關係更讓配偶產生嫉妒。馬諦斯和艾美利·帕雷爾的婚姻受到嚴重的考驗。艾美利發出最後通牒：「要我還是要她？」馬諦斯選擇了妻子，而不是麗季雅。有人也許會認為，這樣，問題就解決了吧？但是沒有。馬諦斯夫人還是不能忘懷馬諦斯對她感情的背叛。1939 年初，艾美利·帕雷爾離開了長達四十一年婚姻生活的丈夫。

麗季雅又回到她作為馬諦斯工作室助理的角色。第二次世界大戰開始後，德國法西斯入侵法國。見人們紛紛逃離時，他們雖然感到陷入極大的危機之中，但是他們，麗季雅說：「還是做出決定，不論怎樣，他都要我和他在一起。」隨後，馬諦斯為麗季雅戴上旅行帽，一起穿過遭受嚴

馬諦斯夫人畫像

重戰爭創傷的法國，開始他們的長途旅行。這兩個朋友經歷了大戰和法西斯的政治動亂。他們密切的伴侶關係，麗季雅既是他的助手，又是他的管家，他的模特兒，他的祕書。她對畫家的護理和助理作用，與她對馬諦斯的寵愛，在馬諦斯的餘生，支持了他的藝術創作，使他得以保持他的生命活力，讓藝術家感到極大的安慰。

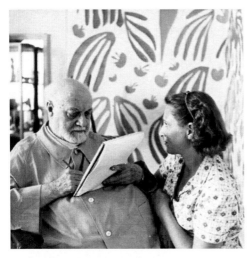

麗季雅和馬諦斯

特別需要提到的是，1941年，馬諦斯被診斷出患有癌症，經過兩次大手術之後，他開始坐輪椅，並只能在輪椅上創作；直到 1954 年 11 月 3 日因心臟病發作去世，大師都由麗季雅一人護理和照料。馬諦斯本人是不關心政治的，他更不參加活動，可是多年來，他的孩子和妻子都不在他身邊：大兒子比埃爾戰前就已去美國，雕塑家的兒子讓長居巴黎近郊，都離他很遠。尤其他的女兒瑪格麗特因參加對德的「抵抗運動」被捕遭到拷打、關進德國的雷文斯布魯克集中營。他妻子因列印出版地下報紙，也被捕關入法國東北部的特魯瓦監獄。在這極其痛苦的時刻裡，也只有麗季雅一人在他身邊，以她的溫柔和體貼，支持了馬諦斯生活的勇氣和信心。

當然，對馬諦斯來說，從 1932 年六十三歲那年見到這個異常美麗的少女開始，差不多二十二年裡，很自然的，老人是希望這個有一頭金髮、一張漂亮臉孔和一對明亮藍眼睛的俄羅斯女子隨時都在他的身邊，也經常出現在他的畫中。同樣很自然的，老人也愛上了這個冰瑩女子。

專家相信，從他創作的麗季雅的肖像畫可以判斷，他們是幸福的，雖然因為他對她的愛，他的家庭關係非常緊張，並不影響他這幸福感。

除這些之外，作為一個藝術家，馬諦斯還從麗季雅那裡不斷獲得創作的靈感。

馬諦斯每年都要送給麗季雅兩幅原創素描，一幅是在新年，一幅是在她的生日。這不僅僅是給一個模特兒的禮品，而是超越於一個賦予他創作靈感的嫵媚而真誠的女子。從 1935 年麗季雅差不多每天都為他擺姿勢開始，到 1939 年夏天，麗季雅是馬諦斯唯一的一個模特兒，是他油畫、水彩、版畫和書籍插圖的取之不盡的靈感來源，馬諦斯以她為模特兒，至少畫出了九十幅油畫，一百多幅素描以及數不清的速寫畫，每幅都飽含情感。

馬諦斯畫的麗季雅肖像

真名叫雷蒙德 - 安東莞 - 瑪麗 - 艾瑪紐爾‧埃斯柯拉的著名法國藝術批評家雷蒙德‧埃斯科利爾（1882—1971）曾這樣評價麗季雅‧捷列克托爾斯卡雅對馬諦斯藝術創作的作用：「大師的偉大靈感受惠於麗季雅‧捷列克托爾斯卡雅優雅的體型，她的美和她的表情，還有她的才智和心靈。」說的很對。有幾幅用寫實手法描繪麗季雅的人像，盡顯這個北國女子的冰瑩之美。1947 年的〈麗季雅‧捷列克托爾斯卡雅〉則是另一種特色。

　　有藝術評論家指出，在這裡我們看不到迷人的青春的嫵媚和溫柔。畫上堅硬的線條將人物的臉分成黃和藍兩個平面，使形象具有某種神祕感。臉的明亮的一邊和藍色的神祕的一邊就像光和影，是人靈魂中兩種永存的對立面。這兩種色彩的組合產生出濃密的綠色頭髮，在女人的頭上形成一襲非同尋常的皇冠。色彩的運用在對比性和裝飾性上都極具表現力，意味深長，藝術家以簡樸的手法將他一生最後幾年如此讓他著迷的模特兒那不平凡的本性表現出來了。另外，美國布魯克林藝術學院和紐約城市大學學位中心教授傑克・弗拉姆指出「馬諦斯畫麗季雅的素描，以高超的技巧和強烈的感官體驗而稱著」。他舉他的〈藝術家和模特兒〉（1935 年）為例，說在這幅作品中，麗季雅斜躺在床上的時候，「我們看到，馬諦斯的手正在繪畫素描，筆端帶著奇特的性意識在描繪她的形象。在馬諦斯的畫上，麗季雅也在微笑，明顯有一種少有的滿足表情。」

　　麗季雅確實帶給大師極大的愉悅。馬諦斯本人就曾坦率地承認：「每當我煩悶的時候，我就畫麗季雅夫人的像。」有人也猜測：就是因為有麗季雅在他身邊，作為一個男人和一位藝術家的馬諦斯才能繼續生活下去。

　　所有這些，都不由讓人產生一個問題，即麗季雅・捷列克托爾斯卡雅是亨利・馬諦斯的妻子嗎？麗季雅在一封信裡回答說：「你想知道我是不是馬諦斯的妻子。我回答：不是，也是。從物質上、生理上的意義講，『不是』。但從精神上講，可以說遠超過『是』。因為二十年裡，他眼中的光，對我來說，是我生活中唯一有意義的。」

　　麗季雅・捷列克托爾斯卡雅也以真誠的心回報馬諦斯的情感。她不但真心地陪伴大師這麼多年，就在他去世的前一天，她也來到他的床前，為他梳洗因受傷而包紮起來的頭髮。大師則用圓珠筆為她畫了最後

麗季雅在畫畫

一幅素描。馬諦斯去世後，她立即收集行李，離開他家。她沒有參加他的葬禮，但她將大師的作品和著作整理起來出版，並去往俄國，將一些作品捐贈給埃爾米塔什博物館和普希金美術館。她說：「我發現，不論哪個政體或者政府領導人，都不及人民喜愛馬諦斯的作品。我覺得，真的要讓他們一代代地分享這些瑰寶，不要等到它消亡。」

從這方面看，大概沒有一個藝術家的模特兒能比得上麗季雅‧捷列克托爾斯卡雅，對藝術史做出如此大的貢獻。

莫迪利亞尼的安娜和珍妮

　　浪漫詩人和藝術家在意的往往不是長壽，而是有一段美好的愛情。英國幾位著名浪漫主義詩人喬治·拜倫（1788—1824）、波西·比希·雪萊（1792—1822）、約翰·濟慈（1796—1821），都只活到二、三十歲，拜倫留下的一句著名的自白。一次，他對一位朋友說，他希望早早死於肺結核，「因為（那時）夫人們都會說：『瞧那個可憐的拜倫，死的時候都那麼的迷人！』」因為是肺結核病人終日低熱，臉頰上總是有淡淡的紅色。像拜倫、濟慈一樣，義大利藝術家阿梅迪奧·莫迪利亞尼（Amedeo Modigliani, 1884—1920）也患有肺結核，也只活到三十六歲，而且一生窮困潦倒。但是他以他的才華，不但贏得秀美的天才女詩人的情感，且有異常豔美的女藝術家為他而殉情。他大概也該是死而無憾了吧，雖然藝術史將深感惋惜。

　　莫迪利亞尼生於義大利海濱城市里窩那的一個猶太商人的家庭，母親的祖先都是頗有學問的知識份子，父親原是一個成功的企業家，但不幸 1883 年陷入破產。莫迪利亞尼是他們的第四個孩子，出生時正值父

親的商業遭遇災難性的崩潰。本來，破產會讓他們一無所有。但是根據一項古老的猶太法律，債權人不得掠走孕婦或初生兒母親床上的物件，家裡才得以讓有意藏匿在床頭的最有價值的資產保存了下來。

莫迪利亞尼和他母親關係密切，直到十歲，他都是由母親教育。從十一歲患胸膜炎之後，健康問題就始終困擾著他。幾年之後，發作傷寒。十六歲，肺結核發作，病倒了。

莫迪利亞尼天性喜愛藝術，主要是繪畫。他沒有正規學畫，

莫迪利亞尼自畫像

但從小開始亂塗亂畫的時候起，他便認定自己「已經是一個畫家」了。對繪畫的愛，使他第二次胸膜炎復發、發高燒的時候，不斷譫語，說他最想要看的是佛羅倫斯皮蒂宮和烏菲齊美術館裡的名畫。於是，病一康復，母親就帶他外出旅遊，去了南方的那不勒斯、卡普里和羅馬，然後再去北方的佛羅倫斯、威尼斯，觀摩那些地方的建築、雕刻和繪畫作品。母親是要透過多種方式，培養兒子的藝術才能，使他能將藝術作為他畢生追求的使命。因為在兒子十一歲那年，她曾在日記中這樣寫道：「孩子的性格特點尚未定型，我說不上我認為他將來會怎麼樣。他顯得像一個被溺愛的孩子，但他不乏才智。我們只好等著，瞧在這個蛹殼裡面會是什麼。或許是一個藝術家。」

於是，母親就照著這個方向，希望造就他成為一個藝術家。1898 年他十五歲時，母親開始讓他正規學畫，為他註冊進了里窩那繪畫大師古列爾莫‧蜜雪兒的藝術學校。1902 年在佛羅倫斯進一個或叫「免費裸體繪畫學校」的「美術學院」，隨後就去威尼斯學習，一直留至 1906 年冬去巴黎。

莫迪利亞尼早期賞識的是義大利文藝復興時期的繪畫，尤其是義大利錫耶納城的幾位畫家的作品，這趣味一直持續他一生。到巴黎後，他開始對保羅‧塞尚的後印象派畫作感興趣。他最初主要接觸的是法國詩人安德列‧薩爾蒙和馬克斯‧雅各，還有畫家巴勃羅‧畢卡索。一年後，認識了保羅‧亞歷山大。亞歷山大是一位大夫，在巴黎購置了一座房子，他有很多先鋒派藝術家的朋友，這些貧困的藝術家都常去他那兒。他是最早認識莫迪利亞尼畫作的價值、最早購買他的作品的人。莫迪利亞尼的畫也都存放在他那裡。也是他，在 1908 年，說服莫迪利亞尼，讓他的五或六幅畫作在「獨立沙龍」展出。1909 年，莫迪利亞尼見到羅馬尼亞的康斯坦丁‧布朗庫西。布朗庫西是一位很有成就的雕刻家，他建議莫迪利亞尼學習非洲的雕刻作品，從中獲取啟示。莫迪利亞尼接受了他的意見，並在自己的雕刻作品中進行創造性的實驗。他 1912 年在「秋季沙龍」上展出的八具石雕頭像，形體的伸長和簡化，反映出他受非洲雕刻的影響。大約 1915 年，他又回到繪畫上，但是作為一個雕刻家的體驗，對他的繪畫的風格，起到根本性的作用。他雕刻的人物頭像，修長的頸項和鼻子，簡化的形體和長卵形的臉，成為他畫作的特徵。

莫迪利亞尼來巴黎後，在科蘭古路租下一個工作室，從事素描、雕刻和肖像畫創作。他不是職業藝術家，他一般只為朋友、藝術界人士畫像，如畢卡索、雅可布、讓‧科克托，或者為鄰居、僕人和模特兒畫，

不取酬勞，所以生活一直貧困。他一般都是在一個陌生人面前坐下，從衣袋裡取出畫板和鉛筆，不徵求對方意見，花三分鐘畫出一幅肖像，簽上自己的名字，鄭重其事地遞給主人：「送給你，請我喝一杯苦艾酒作為交換。」每天都這樣來解決吃喝問題。

1914 年第一次世界大戰爆發，亞歷山大和另外幾個朋友都上前線去了。莫迪利亞尼也要求上前線，但當局拒絕了他的要求。於是，他的畫沒有人買了，只有在法國藝術經銷商保羅‧紀堯姆，尤其是波蘭詩人利奧波德‧茲波洛夫斯基的幫助下，才賣出有限的幾幅。貧困加重了他健康的惡化。就在他最需要得到安慰的時候，他的女友貝阿特麗絲‧哈斯丁斯離他而去。

貝阿特麗絲‧哈斯丁斯是英國作家和批評家艾米麗‧愛麗絲‧黑格（Beatrice Hastings, 1879—1943）的筆名，她生於倫敦，在南非長大，戰前移居巴黎，寫過幾本書。因為是馬克斯‧雅各的朋友，便成為巴黎兩名藝術家中的一員。

莫迪利亞尼畫的貝阿特麗絲‧哈斯丁斯

貝阿特麗絲‧哈斯丁斯是一個十分漂亮的女子，她潔白的皮膚，綠色的眼睛，時常穿一身黑色的連衣裙，熱情而又富有文化知識。但這個人對感情非常輕率。她是雙性戀者，曾和英國社會思想家、基特爾社會主義的刊物《新時代》唯一的編輯阿爾

弗雷德・理查・奧雷奇一起生活，以不同的化名在《新時代》上發表文章。她同時又是紐西蘭女作家凱薩琳・曼斯費爾德和英國女畫家珀西・溫德姆・路易士的同性戀人。

莫迪利亞尼

二十六歲的莫迪利亞尼是一個標準的義大利美男子。他面色蒼白，臉刮得光光的，眼睛溫柔多情，態度文質彬彬，即使穿一身破衣服，也像一個王子，女人們總是盯著他瞧。可以說，沒有一個女人見到他後會不喜歡他的。

1914 至 1916 年間，貝阿特麗絲・哈斯丁斯和莫迪利亞尼合住蒙帕納斯的一個公寓套房，在莫迪利亞尼創作的時候，做他的模特兒，兩人產生奇特的戀情。

兩年裡，莫迪利亞尼雖然也從貝阿特麗絲・哈斯丁斯的身上獲得靈感，為他創作出多幅畫像，但同時，他總是經常因與她的感情纏繞和糾葛而煩惱。兩人交惡之後，貝阿特麗絲・哈斯丁斯完全不顧應有的修養，竟公然謾罵莫迪利亞尼是「一個複合人物。一頭豬玀和一顆珍珠。」貝阿特麗絲・哈斯丁斯的這種態度，讓真心對待莫迪利亞尼的阿赫瑪托娃異常氣憤。

安娜・安德列耶芙娜・阿赫瑪托娃（1889—1966）是一位偉大的詩人，作為和「俄羅斯詩歌的太陽」普希金相對應，她被稱為是「俄羅斯詩歌的月亮」。

　　繆斯（Muse）原是希臘—羅馬宗教和神話中的九位女神或是其中的某一位，她們有的司掌詩歌，有的司掌戲劇，有的司掌舞蹈，等等。如今稱某女性為「繆斯」，是指她會激發某個文學藝術家的創作靈感，她本身未必有什麼文學藝術的創造。如今，大概極少有像阿赫瑪托娃那樣的女子，能真正稱得上是一位名副其實的「繆斯」。

　　阿赫瑪托娃確實是一個「非同尋常」的奇特女子。她不是人們常見的普通女子，而完全像一

阿赫瑪托娃

位女神，讀過她的傳記後，甚至令人懷疑她是在十歲那年因病昏迷得幾乎死去的那個星期裡司掌情詩的艾拉托繆斯（Erato）投胎轉世來的。

　　事實上她也有不少令人聯想到繆斯的傳奇性故事。

　　有人相信阿赫瑪托娃有四分之一的希臘血統，認為只要從她筆挺且稍顯隆起的鼻梁上就可以獲得佐證。如果這多少帶有一點猜測的成分，那麼，阿赫馬托娃自己也曾聲稱，根據她祖輩傳下的說法，她母系祖母安娜・葉戈洛芙娜・莫托維洛娃（1817—1863）的母親是成吉思汗的後裔韃靼的阿赫瑪托娃公主，則應該是比較可信的，她本人就以這個阿赫瑪托娃作她的姓氏。

　　另外，阿赫瑪托娃是如此的神異，從小就不但能「感覺到水」；對她來說，「『風的聲音』遠比人類語言明白曉暢」。她還相信月亮對她產

生過影響，甚至覺得發現自己具有看到他人的夢境和預言未來的特異能力……這種天生的，或者說是繆斯賦予她的敏感性，使她十一歲時已經寫出很好的詩，且在她寫下第一行詩時，「所有的人都確信她將來一定會成為一個詩人」。她自己還堅信，真的曾有繆斯拜訪過她。在她寫於1913 年的一首詩中，她回憶有一位「身材苗條」的繆斯和她交談，「她的話語／如樹梢低語，如細沙窸窣，／或如風笛銀鈴般的聲音／在遠處歌唱分離的黃昏」；說是「她（繆斯）把美妙的話語放入／我記憶的寶庫」（蔣勇敏等譯）。

　　阿赫瑪托娃原來姓戈連科。她身材高挑，通常穿一件緊身的黑色連衣裙，肩上搭一塊披肩，佩一條黑色的瑪瑙項鍊；她秀美的長相，特別是她那略顯蒼白的希臘式臉龐，有如古希臘藝術中的女神。認識阿赫瑪托娃的俄國詩人和批評家格利戈里‧阿達莫維奇說：「今天人們回憶起阿赫瑪托娃時，都常說她很漂亮。她不是漂亮，她是比漂亮還要漂亮……」另一位和她同時代的詩人、評論家尼古拉‧涅多布羅沃甚至認為：「不能用簡單的漂亮二字來形容她，她的外表非同尋常……」

　　1910 年，阿赫瑪托娃剛與詩人，「白銀時代」阿克梅派詩歌團體的主要創始人尼古拉‧斯捷潘諾維奇‧古米廖夫結婚不久，在新婚的丈夫陪同下，去巴黎和義大利北部旅行度蜜月。巴黎人習慣於公開表達對美的欽慕，雖然大多是禮節性的。阿赫瑪托娃的苗條的身材、優雅的風度和希臘人的臉型，時時處處吸引著他們的目光，讓他們稱讚不已。古米廖夫愛他的妻子，儘管這愛有些彷徨不定，一般也理解他們的愛美之心。但是有一個人使他產生強烈的妒忌，甚至在與阿赫瑪托娃感情破裂之後還與他發生過一次衝突。那人就是莫迪利亞尼。

　　莫迪利亞尼怎麼認識阿赫瑪托娃一直是研究者追尋的線索，多數人認為，也許他們是透過俄羅斯詩人、作家、藝術家中間的某一個兩人都

熟悉的朋友介紹才認得的。但始終沒有一個確切的定論。只知道當時他們都住在同一座樓房。二十一歲的阿赫瑪托娃，高挑的身材，長長的脖頸，白皙的皮膚和灰藍色的眼睛，研究者認為，展現了莫迪利亞尼的美學思想和美學追求，自然引起這個二十六歲男子的注意。半個世紀後，阿赫瑪托娃在回憶錄中也只說，她是在 1910 年春遇見阿梅迪奧‧莫迪利亞尼，沒有談具體的細節。不過她提到，說在她回聖彼德堡之後，1910 年冬和 1911 年春，都一直在給她寫信，見面卻很少。據研究，他們兩人互相通信差不多有一年時間。信中不少句子，這麼多年後她都還記得，尤其是其中的一句：Vous êtes en moi comme une hantise（你讓我著迷）。二十六歲的莫迪利亞尼是一個標準的義大利美男子。他面色蒼白而微微有點粗野，臉刮得光光的，眼睛溫柔多情，態度文質彬彬，女人們總是盯著他瞧。阿赫瑪托娃特別提到，說他那像「安提諾烏斯（Antinous，古羅馬哈德良皇帝的孌童）的腦袋和閃爍著金色火花的眼睛——與世人全無相似之處」。法國哲學家德尼‧狄德羅認為，閃爍著火花的眼睛也放射著天才之光。儘管莫迪利亞尼當時終日在窮困和飢餓中度日，阿赫瑪托娃「堅信這樣一個人一定會熠熠發光」，所以無疑也會像她讓他迷戀一樣地使她對他迷戀。女詩人甚至認為，如她後來所回憶的，那時，他們兩人之間「一件非常重要的事已經發生」，雖然當時她還沒有意識到；她把這看做是「一段我們一生的史前史」（a pre-history of our lives），即使時間「很短，在我則很長」，讓她永世難忘。

　　愛情是阿赫瑪托娃詩歌中一個主旋律。阿赫瑪托娃的詩中，很大成分上都在表達她本人的情感經歷。遺憾的是女詩人說，「莫迪利亞尼很抱歉他讀不懂我的詩」，不懂她用俄語寫的抒情詩中，有哪些表現了她讓他著迷，又有哪些表現了他讓她著迷。

愛情在默默中滋長。1911 年 5 月，阿赫瑪托娃再次來巴黎旅遊，雖然古米廖夫去非洲已經回來，她還是撇開了他，有意單獨一人來巴黎。她去見了莫迪利亞尼。當時莫迪利亞尼只一心沉浸在他的石雕中，對埃及入了迷。他領阿赫瑪托娃去參觀羅浮宮中的古埃及藏品，他說服女詩人，別的都算不了什麼，致使阿赫瑪托娃感到「在莊嚴宏偉的埃及藝術面前，他似乎有敬畏之感」。只有他心中的美學追求在現實的藝術作品中獲得了實現，才會產生這樣的敬畏之感。

在這次的巴黎之行中，阿赫瑪托娃和莫迪利亞尼有兩個星期在一起。他們在盧森堡公園吃中飯；下雨了，因為窮，他們不坐需要付費的椅子，只好坐凳子，在黑色的傘子下躲雨。莫迪利亞尼小時得到母親的祖父伊索科・加爾松的教育，接觸過一些哲理性的文學作品；後來在藝術創作和藝術研究中閱讀了尼采、波特萊爾、魏爾蘭、拉法格、馬拉美、波得賴爾和諾貝爾文學獎獲得者卡爾杜齊、法國詩人洛特雷亞蒙伯爵等人的作品。這幾位詩人、作家，還有鄧南遮以及超現實主義的作品，都是他所熟悉的，不少詩篇他還都能背誦。現在，對詩和文學的共同熱情，讓他和女詩人興致勃勃地一起談論和背誦起他們的詩篇。莫迪利亞尼自己也在寫詩，雖然沒有和阿赫瑪托娃說起。兩人也喜歡月明之夜在巴黎的老區遊蕩，有時則他一個人。「莫迪利亞尼喜歡在夜的巴黎遊蕩」，阿赫瑪托娃說，「常常，每當我聽到他在夢一般寧靜的街道上的腳步聲時，我便走向窗臺，透過軟百葉追隨他的身影在我的窗下緩行。」

莫迪利亞尼和阿赫瑪托娃兩人間的最高熱情，是阿赫瑪托娃作為她的繆斯，她激發他的靈感，讓他為她畫出十六幅鉛筆素描像。

有些藝術史家將創作這裸體畫的日期定為 1911 年春，但是受到置疑，說是儘管阿赫瑪托娃願意向他敞開裸體，但這段時間，要讓她與愛

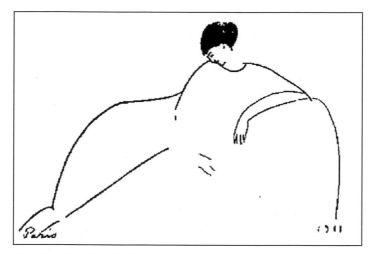

莫迪利亞尼畫的阿赫瑪托娃之一

她的丈夫分離、投向另一個男人的懷抱，她會懷有負罪之感，似乎不大可信。但《黃昏》（1912 年）中的這幾行詩，一方面表現了她這種不安情緒，同時不也可以看作是對莫迪利亞尼的愛的回報嗎？

　　　你我都歡快又沉醉

　　　你的故事沒有意義。

　　　早秋已將面面黃旗

　　　在榆樹的梢頭懸垂。

　　　我倆已入欺騙之境，

　　　咀嚼那苦澀的懺悔，

　　　又為何要強裝歡笑，

　　　笑容是如此的怪異？

　　　我們要穿透這苦痛，

　　　來代替幸福的安謐……

　　我是不會背棄你的，
　　狂放又溫柔的伴侶。

　　阿赫瑪托娃還曾帶一束紅玫瑰去看望莫迪利亞尼。只因他不在，且門又鎖著，等了一會兒後，她便從開著的窗隙把花拋進室內。她定然是懷著深情，十分細心地投進去的，使畫家難以置信地認為她曾進入室內，然後一支一支地擺放，才得以「將花束擺得如此的美」。她對他的深情甚至使她嫉恨那些粗暴對待他的人。古米廖夫說他「酒鬼」已經是對他的極大誤解了，貝阿特麗絲‧哈斯丁斯的誣陷，作為情敵，是她絕對無法容忍的。阿赫瑪托娃憤怒地抨擊說：「我在一篇美國人的文章中讀到，說有一個叫貝阿特麗絲‧X的，曾對莫迪利亞尼產生很深的影響……我可以並認為有必要說明，他（莫迪利亞尼）在遇到貝阿特麗絲之前很久，就已接受過良好的教育……而且我懷疑，一個把這位偉大畫家說成是豬玀的女人，能對別人會有什麼啟迪。」阿赫瑪托娃沒有為親者諱。對於莫迪利亞尼的文化教養，博學的蘇俄作家伊利亞‧愛倫堡作證說：「他讀書之多總是令我驚異不止。我似乎還沒有見到過第二個像他這樣喜愛詩歌的畫家。無論但丁、維永、萊奧帕爾迪、波特萊爾還是蘭波，他都要背誦。他的油畫不是偶然的幻想——這是為畫家所洞悉的一個由天真和智慧的特殊結合所構成的世界。」（馮南江等譯）

　　阿赫瑪托娃的《最後的相見》一詩顯然也是獻給這位偉大的義大利畫家的：

　　無援中胸膛冰冷，
　　我腳步卻很輕巧；

我竟給我的右手
戴上左手的手套。

無疑跨過多級階梯，
但記得卻只有三級！
楓樹叢中秋日私語
請求：「與我一起去死！
我受命運的欺騙，
悲慘、無常、可惡的命運。」
我回答：「親愛的，親愛的！
我也是。要與你一起去死……」
我看那黑暗的樓房，
只有臥室裡的燭火
閃爍著淡淡的黃光。

　　莫迪利亞尼的畫像，不像別的畫家那樣寫生，而用一種纖細的筆觸勾畫出那人的那點。他就在自己家裡畫阿赫瑪托娃的裸體像：「在畫我的頭部時，也總要飾上埃及女皇和舞女的珠寶首飾。」誰也不會可笑地認為受過正規藝術教育的莫迪利亞尼沒有接受過解剖學的訓練，因而連人的頸椎骨有多少都不知道，因而錯將模特兒的脖頸和身段畫得過長。愛倫堡特別解釋，說他曾評論莫迪利亞尼「天真」，可並不意味著在說他「幼稚」或是「天生的平庸」：「我把天真理解為一種新穎的感受能力，一種直感，一種內在的純潔。莫迪利亞尼所作的肖像畫全都和模特兒惟妙惟肖，如……莫迪的妻子讓娜。」
　　是喜愛身材高挑、脖頸修長的美學理想，讓莫迪利亞尼愛上了身材

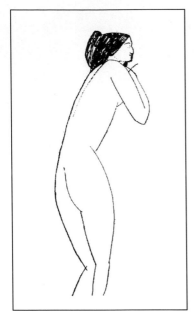

莫迪利亞尼畫的阿赫瑪托娃之二

莫迪利亞尼畫的阿赫瑪托娃之三

高挑、脖頸修長的阿赫瑪托娃和古埃及的類似形象的女性，正如他的資助人、保羅・亞歷山大大夫在他收藏的莫迪利亞尼作品於 1993 年以《不為人知的莫迪利亞尼》（*The Unknown MODIGLIANI, Drawings from the Collection of Paul Alexandre*）為題出版時，編者諾埃爾・亞歷山大（Noel Alexandre）所說的：「莫迪利亞尼為阿赫瑪托娃的異乎尋常的美，她的高貴氣質和優雅的儀態所迷戀，這也是他在古埃及女性的身上所看到的。於是在賦予她詩意的、神祕的天性的時候，他或許把她想像是一位埃及女皇。」

阿赫瑪托娃非常珍惜莫迪利亞尼為她作的這些鉛筆裸體素描，當然，這是出於對莫迪利亞尼的感情的珍惜。她一直把這些畫帶在身邊，有幾幅還把它複印在幾個她常用的書包袋子上。可惜原作大多都在蘇聯的國內戰爭中被毀，在《不為人知的莫迪利亞尼》一書中曾複製了三幅，只有最廣為人知的一幅，甚至在古米廖夫被處決、兒子遭監禁、官方批評家宣布她的詩是「資產階級的和貴族的」、稱她為「半是修女，半是妓女」，作品也被禁止出版，生活困難得連想找一份打雜工都不可

得的日子裡，在女詩人狹小的、未加裝飾的空蕩蕩的的房間裡，僅僅在一面牆上掛著這一幀莫迪利亞尼為他畫的鉛筆素描像，時刻陪伴他孤獨的心靈。

阿赫瑪托娃回國後，由於世界大戰、「十月革命」、布爾什維克取得政權，港口封鎖，她就再也無法去巴黎和莫迪利亞尼相見了。兩人只有在異地相互思念。

1917 年，命運讓一位純美的法國少女來到他的跟前。

珍妮·埃比特爾（Jeanne Hébuterne,1898-1920）生於巴黎的一個嚴格的羅馬天主教家庭，父親在巴黎著名的「精品百貨」商店（Le Bon Marché）上班。珍妮的哥哥安德列是一個稍有作為的藝術家，他將美麗的妹妹帶進充滿生機的蒙帕納斯藝術圈。在這裡，這位「溫柔、羞怯、文靜而又纖弱」的女子遇到幾個當時還窮得挨餓的藝術家，並給在巴黎的日本畫家藤田嗣治等藝術家做模特兒。但是，珍妮不滿足於這種生活，懷著一腔繪畫的天賦，他珍妮投身藝術生涯，便選擇進義大利雕刻家菲力浦·柯拉羅西創辦的「柯拉羅西藝術學校」學習。在這裡，經常來這裡找模特兒的烏克蘭的女雕刻家查娜·奧爾洛娃，把珍妮介紹和莫迪利亞尼認識。她立刻與這位有超凡魅力的藝術家深深相愛。但是莫迪利亞尼可是一個身無分文的藝術家；而且酗酒、吸食大麻，生活狂野，甚至有點頹廢；而且又是一個比她大十五歲的猶太人。年輕的珍妮怎麼辦呢？或者屈服於家庭的意願甚至壓力，

珍妮·埃比特爾

莫迪利亞尼畫的珍妮・埃比特爾

放棄這個她所愛的男人，或者反抗她的家庭，與莫迪利亞尼一起。珍妮選擇了後者：與家庭決裂，完全真誠地與莫迪利亞尼相愛。他們住在一起，但沒有舉行婚禮，1918 年還生了一個女兒，也取名叫讓娜。

這兩位非正式的夫妻互相從對方獲得靈感，讓娜為莫迪利亞尼擺姿勢、作模特兒，讓莫迪利亞尼創作出了二十多幅畫像，畫中的讓娜每幅都脖頸細長、身材瘦長，雖然生活中的讓娜是一個個子矮小、體格健美的女子。但讓娜仍然抽出事件，投身於藝術，創作出幾幅畫作。

但是度過幾年快樂幸福的生活之後，由於莫迪利亞尼吸食大麻，特別是飲酒過度，極大地損害了他的健康，甚至出現「黑蒙」，即眼睛發黑、看不清事物的地步，一次過巴黎的街道時，倒在地上被員警帶走。他的精神也深受影響，常爆發怪脾氣。這結果使得他在蒙帕納斯的多數朋友都離他而去，拋棄了他，把他看成是一個不思悔改的毫無希望的人。只有珍妮‧埃比特爾一個人，依然始終忠實於他。1920 年 1 月 24 日晚，住在莫迪利亞尼樓下的鄰居見多日都沒有看到過這對夫妻了，也沒有聽到上面有什麼聲音，便敲門進去。見莫迪利亞尼躺在床上，發熱說著胡話，全身顫抖，幾乎已經沒有意識。讓娜在他身邊，不顧一切地盡力擁抱住他。莫迪利亞尼是因為肺結核炎症，正處瀕臨死亡。讓娜驚恐萬分，心煩意亂，但沒有去叫醫生。不多久，莫迪利亞尼終於解脫痛苦，離開了人世。

莫迪利亞尼去世後，讓娜的家庭將讓娜帶走，沒有帶莫迪利亞尼和她的女兒讓娜。但是在讓娜看來，莫迪利亞尼不在了，她自己未來的生活是不可想像的，也是無法忍受的。一天後，讓娜從五樓的窗子跳下，為她的愛殉情，腹內還懷有一個九個月的孩子。

曼‧雷的琪琪和李‧米勒

　　巴黎是世界的花都，同時也是世界文化之城。1920 年代，更有諸多的浪漫藝術家從全球各地彙集到這裡，在塞納河左岸的蒙帕納斯定居下來，使此處成為他們的聚合地。當時，美國先鋒派女作家格特魯德‧斯泰因和與她一起生活的同性伴侶艾里斯‧托克拉斯那鮮花大街的家，是被稱為「變換的空間」的著名沙龍，吸引著亨利‧馬諦斯、紀堯姆‧阿波里耐等藝術家和作家。厄內斯特‧海明威也是她的常客。斯坦因夫人好像不意說出的話：「你應該只看真正的好作品，要不就只看絕對的壞作品」；或者「你不應該寫任何大雅之堂的東西。寫那些東西毫無意義，是愚蠢的，也是完全不應該的」；都使這位年輕作家終生受益。

　　這正是達達主義邁向超現實主義的時期。西爾維婭‧比奇的「莎士比亞書店」正在冒險出版詹姆斯‧喬伊斯的《尤利西斯》；而從遠道費城趕來的曼‧雷，也在這裡磨練他的眼睛，捕捉鏡頭前的對象。是的，這是產生偉大藝術家和偉大藝術品的時代。濃郁的文化環境可能讓一個年輕人畫出驚世的巨作，讓一個女孩子的歌聲響遍全天下，只要有先天

的稟賦，在這裡，他的才華就不會被抹殺。也就在這時，一個長一顆漂亮美人痣的女子，在巴黎拉伯雷街 2 號的「賽馬師酒家」唱著猥褻刺耳的小曲。她是一名模特兒和卡巴萊歌手，不過她不像某些這類歌手那樣，會爬到桌子上去唱。她只需把裙子撬上去，露出腿上的襪帶，有時也會撬得更高、更露。這對聽眾來說，可要比爬上桌子更加招人。於是，一段時間之後，她便和許多人認識了，甚至交上了朋友。

她叫愛麗絲・歐內斯汀・普蘭（Alice Ernestine Prin, 1901—1953），生於法國勃艮第大區可多爾省塞納河畔的沙蒂永，是她未婚的母親突然之間把她生在街頭的女孩。赤貧中，由她外祖母撫養長大；到十二歲，她被送往巴黎與她母親一起生活，並設法找工作。她的第一份工作是為一家印刷廠幹活。不久後，她便做一家麵包房的全職女傭，在這裡，據她的《回憶錄》稱，老闆「通常都要我脫光衣服講淫穢的笑話，才給我獎金」。她是那麼的可憐，她的要求很低：「我的全部需要就是一顆洋蔥頭，一片麵包，和一杯紅酒。」雖然如此，她對自己的前途，仍然很有信心：「我總會找到一個傾心與我的人。」

十四歲那年，愛麗絲・普蘭跟老闆娘打了一架，「我躥到她的身上，狠狠地給了她一下子」。離開後，為了生存，她就去給一位年長的雕塑家做裸體模特兒。這工作讓她母親感到丟臉，兩人發生激烈的爭吵，結果被母親趕出家門，雖然是寒冷的冬天。這段時間，她流落街頭，睡在蒙帕納斯火車站的倉房裡。她也去蒙帕納斯的幾家咖啡館做洗刷工，這使她有機會遇上幾個藝術家。不僅是她那古典美的臉、一對烏黑發亮的眼睛和一頭捲曲的短髮，在咖啡館喧鬧的人群中，她那銀鈴般的笑聲，吸引了很多來這裡的顧客，包括一些藝術家。最後是一位白俄羅斯來巴黎的表現主義畫家夏安・蘇蒂恩雇傭了她，讓她做他的模特兒。是蘇蒂恩給她新取了個名字「琪琪」（Kiki）。取 Kiki 名字的人很

琪琪，1927 年

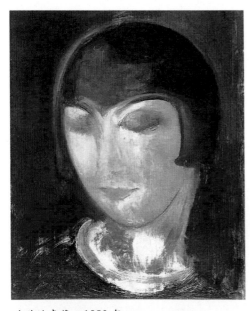

琪琪的畫像，1920 年

多，當時蘇蒂恩選擇它似乎也沒有特別的含義，僅是聽起來聲音比較悅耳罷了。不過卻為她成名之後被廣泛應用，稱她為「蒙帕納斯的琪琪」或者「波西米亞的女王」。

　　琪琪雖然缺乏那些年最時髦的那種飄逸的形體，她也並不在乎，但她本身先天帶來的那種強健的極具特色的性感，很容易讓藝術家產生美的享受。因此，不久她便成為一位當紅模特兒，巴黎畫派畫家於勒‧帕善、法國現實主義畫家安德列‧德蘭、西班牙超現實主義畫家奧斯卡‧多明哥和日本的藤田嗣治等諸多藝術家都為她畫像、塑像或攝影。波蘭藝術家莫伊斯‧基斯林的油畫〈年輕女子的上胸〉（1922）刻意表現琪琪一張優雅的臉，兩隻眼睛裡滿含著淚水；挪威藝術家佩爾‧克諾格的〈裸體琪琪〉（1928）則意在表現她那未成熟的肉感，都是描繪她的著名畫作。

　　而美國攝影家曼・雷，更是一眼看中了她。曼・雷在他出版於 1961 年的《回憶錄》中寫道：

　　　　一天，我正坐在一家咖啡館裡。侍者應召立刻就來了。後來他轉到幾個女孩子的桌前，但拒絕為她們服務，因為她們都沒有戴帽子。產生了一場激烈的爭吵。琪琪說了幾句方言，這我不懂，但肯定更加侮辱人。她後來又補充說，一家咖啡館畢竟不是教堂，儘管這些美國女子沒戴帽子就進來了⋯⋯後來她爬到椅子上，又從那裡爬到桌子上，再像羚羊那樣優雅地跳到地上。瑪麗邀請她和她的朋友們和我們一起坐，我喚來侍者，以同情的語氣命令給這幾個女孩子喝點什麼。

　　曼・雷很賞識琪琪，說她的形體，「從頭到腳都非常非常完美」，讓她作為他的情人和繆斯。

　　曼・雷（Man Ray, 1890—1976）生於美國賓夕法尼亞州的南費拉德爾菲亞，原名伊曼紐爾・拉德尼茲基，是俄羅斯猶太移民的大兒子。童年時，他就表現出具有藝術天分。1908 年從「男童高等小學」畢業後，得到一筆獎學金鼓勵他學習建築，但他卻去學了藝術。1911 年，拉德尼茲基家裡想為伊曼紐爾改個名字，便按他弟弟的意見，為他取名曼・雷，以抵制當時流行反猶的倫理偏見。1915 年，曼・雷舉辦了一次畫作個展。一年後展出以《自攝肖像》為題的影集，是他的原達達主義的作品。

　　1918 年，曼・雷拍攝出了一批有意義的作品。1915 年，著名的法國畫家馬塞爾・杜尚來到美國。杜尚創作的特色是以奇特的構思，來打

曼·雷的自攝肖像，1932 年

破藝術作品和日常物品之間的界限，如兩年後把一個尿器作為現成取材的藝術品，取名〈泉〉；隨後又在〈蒙娜麗莎〉畫像上加上鬍鬚，以嘲諷過去的藝術。這很合曼·雷的意。於是曼·雷也開始創作「現成藝術品」，即用現成的商品拼湊藝術品，如將舞蹈家的裙子一層層疊起來，就成為他的作品〈舞蹈家及其影子〉。曼·雷還跟杜尚和杜尚的朋友、法國畫家和設計師法蘭西斯·皮卡比阿一起合作，在美國開展達達主義運動，共同創立了所謂「他者」（Others）的藝術團體。但是曼·雷幾次創作實驗都沒能取得成功。於是，在出版了唯一的一期《紐約達達》之後，他失望地聲稱：「達達在紐約活不下去了。」於是他在 1921 年去往巴黎，來到法國正處於偉大創造年代的蒙帕納斯區；於是，他認識了琪琪，並讓她做他的模特兒，同時也做他的情婦。

　　曼·雷和琪琪第一次是在曼·雷的那個位於蒙帕納斯一條安靜街道的工作室見的面。曼·雷一開始就為琪琪的美貌傾倒了，但是琪琪絲毫不聽他的甜言密語，聲稱對這類讚美詞她已經厭煩了。曼·雷說服她，強調自己不同於別的藝術家，他們是老一套的畫像，他則是攝影。琪琪還是不為所動，說蒙帕納斯到處都有她的照片，還要他拍什麼照片。但是曼·雷仍然耐心地向她解釋，說是他要捕捉瞬間的她為她定格。於是琪琪最後終於被他說服了。

　　這對情人開始在他工作室隔壁的那個她認為是「自由大陸」的「伊斯特里亞飯店」，一起過人們稱之為「王子和王妃」的愛情生活。

　　琪琪是一個身心充溢生機、對愛情非常熱烈而又富於性感的女子，她像一輪發光發熱的太陽。她在《回憶錄》中這樣描寫他們的生活：「他在我們所住旅館的房間裡幫人拍照；夜裡，我已經伸直身子在床上躺下了，他卻還在黑暗中工作。我能看到他臉上淡淡的紅光，看起來像是一個惡魔。我卻如坐針氈，我可不能這麼一直等下去。」

　　確實，這兩個人什麼都不一樣。琪琪是本能的、隨心所欲的和淫蕩的。曼‧雷則是一絲不苟的、哲理性的，或許是有些兒冷靜的。但他們在 20 世紀的 30 年代還是持續了八年的共同生活，在這幾年裡，她賦予他靈感，有助於他在藝術創造上獲得成功。

　　曼‧雷為琪琪拍攝照片之前，都會先為她化妝，特別是對她的臉，要做一番精緻的設計。據了解此事的，琪琪的同時代人、在巴黎的美國作家凱‧波義耳說，曼‧雷在設計琪琪的臉孔時，都親自為它上彩。他先是把她的眉毛刮掉，然後將他認為合適的另一個人的眉毛貼上去，他又為她挑選顏色合適的面膜，所用的眼瞼可以一天是銅色的，一天是寶藍的，或者是銀色的、翡翠色的，等等。

　　曼‧雷為琪琪拍攝了大量的照片，全是在他的工作室裡拍的，留下來大概有一百多幅，都是裸體的，其中最著名的一幅叫〈安格爾的小提琴〉。

　　曼‧雷十分讚賞法國新古典主義畫派領袖讓‧奧古斯特‧多明尼克‧安格爾的畫作，他從安格爾作品中的慵懶的女子的裸體得到啟示，通過構思，為琪琪拍攝出這幅〈安格爾的小提琴〉（*Le Violon d'Ingres*）。在這幅攝影作品中，曼‧雷用一對「*f*」形的剪紙疊印在琪琪裸體背部的照片上，使身材苗條的琪琪的背看起來像是一把小提琴。這不由使人聯

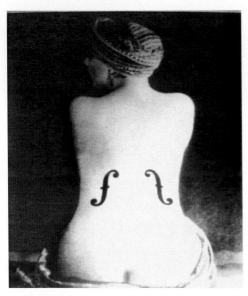

曼・雷的名作〈安格爾的小提琴〉

想起另一位超現實主義藝術家，西班牙薩爾瓦多・達利（1904—1989）畫他妻子和繆斯葉琳娜・嘉科諾娃，他叫她卡拉的肖像油畫〈加拉的實體和虛像〉。達利很欣賞加拉「非常女性化」的軀體。他這畫就在表現他所說的，她這軀體真是一件「精湛完美的傑作」。不過，達利的這幅〈加拉的實體和虛像〉從整體畫面看來，還是十分寫實的。

而〈安格爾的小提琴〉則以 20 世紀電腦生成的圖像，在超現實主義和性感之間，將琪琪的原本古典的裸體演變為一架小提琴的形態，顯示出他異常新穎的意象。同時，

曼・雷（右）和達利攝於巴黎

曼‧雷以「Le Violon d'Ingres」作為他這幅攝影的名字，還有另一層意思。Le Violon d'Ingres 是法國人的一個慣用語，意思是 hobby（愛好），曼‧雷在這裡就是意在表明，琪琪是他作為攝影師的業餘之愛。

另外，曼‧雷 1926 年拍攝的〈黑與白〉（*Noire et blanche*）也很著名。照片表現一個無生命的對象，即非洲的黑人面具和睡眠中的他的裸體模特兒，即琪琪的對話。他最初發表在 1926 年 5 月 1 日的《時尚》雜誌，現在幾次拍賣，價格從 206,000 升至 550,000 美元。

琪琪也喜歡繪畫，她的畫作甚至舉辦過一次展覽；另外，她還拍攝過十一部篇幅不大的影片。琪琪於 1953 年 4 月 29 日去世，留下一部《回憶錄》。這部《回憶錄》在 1929 年出版時，藤田嗣治和厄內斯特‧海明威都為它寫了「序言」。海明威在「序言」中聲言，說琪琪「對蒙帕納斯時代的影響，超過維多利亞女王對維多利亞時代的影響」。

在離開琪琪之後，曼‧雷遇到隨後成為他的模特兒的李‧米勒。

出生在紐約州波基普西的伊莉莎白‧李‧米勒（Elizabeth 'Lee' Miller,1907—1977）， 從小就得到父親的寵愛。身為工程師兼生意人的父親，攝影是他的業餘愛好，常喜歡讓幼齡的伊莉莎白在他「體視攝影」（stereoscopic photographs）時做裸體模特兒。八歲那年，在布魯克林父母的一位朋友家

李‧米勒

裡，伊莉莎白・李被強姦，不久還發現染上了淋病。此事伊莉莎白・李雖然幾乎從來沒有對人說起過，但給她留下的畢生的精神創傷是非常深重的。到十九歲，她才時來運轉。一天，伊莉莎白・李步行在曼哈頓街道時，有一輛載重汽車開過，眼看就要撞著她了。正好有一個人經過，救了她的性命。這個救她的人叫孔德・納斯特，是《時尚》雜誌的創始人。他看著被他救出的這個女子，不由讚嘆說：「你多美啊！」、「你會成為一名偉大的模特兒。」

伊莉莎白・李的確很美，她皮膚白皙，一頭金色的短髮，用英國著名攝影家塞西爾・比頓的話來說，「像是從（古羅馬）亞庇大道來的羊神。」於是，她的照片便上了 1927 年 3 月 15 日出版的《時尚》封面；並被聘為美國攝影家愛德華・施泰肯和阿諾德・金塞的模特兒，還受到很多人追捧。兩年後，1929 年，李・米勒離開紐約，前往藝術家雲集的巴黎。就是在這裡，她遇到了曼・雷。

曼・雷是在蒙帕納斯他工作室不遠處，拉斯佩爾林蔭道的那個叫「醉舟」的酒吧和李・米勒第一次見面的。「我是有意的，我在追他。」米勒 1975 年在接受美國的一家雜誌採訪時回憶說。當時，她有意坐在那裡等著。「忽地，曼・雷從螺旋樓梯上優雅地走下來。他看起來像一頭公牛，結實的軀幹，眉毛很黑，頭髮也濃黑。我說：『我的名字叫李・米勒，我是你的新學生。』曼說：『我沒有學生。』他明天要去比阿里特斯。於是我說，『我也去。』我可是從來不肯退卻的。」

她果然一往直前。從大西洋岸法國南方的比阿里特斯回來後，李・米勒發電報給父親，說她已經在蒙帕納斯林蔭道的工作室內學攝影了。最初，他是做曼・雷的助手和接待員，以她那罕有的美使來訪者著迷。英國《時尚》雜誌的馬奇・加蘭曾描述，說她「表達迎接的目光是如此的可愛，使他們（指來者）忘掉了自己是來幹什麼的」。

李‧米勒的自攝肖像

　　曼‧雷給了她一架折疊式柯達相機，把自己所懂得的攝影技術都教她。李‧米勒一開始就表現出攝影的才華，而且長進得也非常快。

　　雖然曼‧雷比他大十七歲，他們兩人的合作是互惠的。「在我們工作時，我們就像是一個人。」她說。這種合作隨著他們在 1930 年「中途曝光」的發明而達到了頂峰。中途曝光的技術即在顯影過程中，用閃光讓照片或底片進行曝光，使一部分影像成為負片，一部分成為正片。《不列顛百科全書》讚頌說「曼‧雷是（歷史上）第一個為了美學的目的而運用這種技術的人。」與此同時，李‧米勒也成了曼‧雷的繆斯和情人。曼‧雷為她拍了許多許多照片。李‧米勒的兒子安東尼‧彭羅斯後來回憶說：「我們家裡全是曼‧雷的作品。」其中著名的如一幀李‧米勒的眼睛的照片，是曼‧雷拍攝她注視節拍器的擺時那一瞬的眼睛，充分顯示出李‧米勒凝神的目光保持持續的耐力，以及她這眼睛具有獨特的生理之美。曼‧雷還在畫布上繪出李‧米勒的紅唇，懸在巴黎城的上

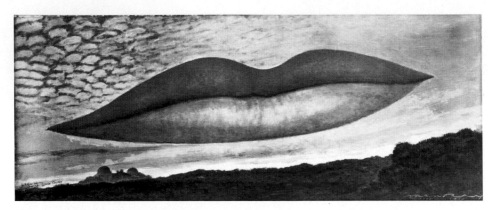

曼‧雷的作品〈李‧米勒的唇〉

空，並附有他的詩句：「我雖然在亮光中和空間裡看你，而我唯一真實的，是吻你。」後來，他把這幅畫拍攝成照片，懸在一張沙發的上方。

　　隨著他名聲的增大，李‧米勒對她一直做一個順從的角色漸漸感到厭倦了。她堅持自己的獨立性。該是幫助她創建她的事業，還是設法把他留在自己身邊？曼‧雷陷入兩難處境之中。他寫信給李‧米勒說：「妳必須做出安排，作為我的妻子，結婚生活。我不能看到妳有另一種生活方式。我一直因為投下太多的精力而煩惱之極，有一天我簡直要崩潰了。這是最後一次，我不會再要求妳了。愛妳的曼。」超現實主義者是一個浪漫藝術家團體，他們要求 *L' Amour fou*（「自由愛情」），但都同意妒忌應受放逐，不過僅是用在女人身上的標準。李‧米勒與法國詩人和著名電影製片人讓‧科克托共同拍攝《詩人的血》時，就已經將曼‧雷撇在一邊了，而她還要去追求俄羅斯社交名流齊齊‧斯威爾斯基，讓曼‧雷就再也受不了了。

　　一天夜裡，李‧米勒在曼‧雷工作室的垃圾箱裡找到一張廢棄了的負片，然後著手把它重新製作了一番，使曼‧雷異常憤怒，將她趕出家

門。幾天後，她回來時，見牆上釘有一張照片。照片上的她，頸上被用剃鬚刀劃了一條痕，塗上紅墨水。她做出的反應是買了一張去紐約的單程車票。於是曼·雷買來一支手槍，並告訴所有人，他決定不好，是殺死李·米勒呢，還是自殺。當然，誰也沒有被殺。五年後，1937 年，這對舊情人在一次超現實主義者的聚會上再次見面，以持久的友誼復甦他們此前的愛情，一直到曼·雷與 1976 年去世。

曼·雷拍攝的李·米勒

莫內的卡米耶

在印象派繪畫的歷史上，曾經出現過兩幅同是題為〈草地上的午餐〉的畫作。愛德華‧馬奈（1832—1883）的原本叫〈沐浴〉的布面油畫〈草地上的午餐〉，描繪兩個完全清醒的法國紳士，帶著蠢笨的滿意神態，和一個裸體女子坐在碧綠的草地上，另一個穿著襯衣的女人從一條由旁邊流過的小溪中出來。此畫在提交給「1863 年的沙龍」時，因被認為「淫亂」、「猥褻」，遭到法國皇家學院拒絕。但它深深地感動了另一位畫家克勞德‧莫內（1840—1926）。1865 年，莫內也創作出一幅〈草地上的午餐〉。

約翰‧雷華德在《印象派畫史》中寫道：「在題材上不無似馬奈的〈草地上的午餐〉，但是和它相反，要盡可能在戶外來畫，不僅是把一群閒遊者表現在真實的背景之前、自然的光線之中，而且也把他們表現在日常野餐中，態度和姿勢都顯得隨便。」（平野等譯文）

評論家看重的是畫作的藝術，傳記作家則注意是否能從畫中捕捉到可能存留其間的藝術家的生活細節。果然，他們在畫中發現有一位年輕

莫內〈草地上的午餐〉

女子的新面孔，相信這是莫內的情婦。這是她第一次正式出現畫家的作品中。這是誰呢？

　　莫內生於巴黎，五歲時隨家人遷居諾曼第坎城海濱勒阿弗爾附近的聖安德雷斯小鎮，十五歲跟從當地的一位藝術家學畫，但真正的藝術生涯則是從 1858 年認識風景畫家歐仁・布丹之後開始的。是布丹教他室外作畫的技術。這年他就創作了幾幅風景畫，其中一幅在勒阿弗爾展出。這一初次的成功鼓勵莫內下定決心，要成為一名畫家。

　　1859 年，莫內去巴黎訪問，接觸到一些不同流派的藝術家。第二年年他參加一個瑞士的獨立美術團體，並在觀賞了巴比松畫家的畫展之後，進了瑞士畫家夏爾・格萊耶的畫室。戰爭使他的繪畫間斷了一年。

〈草地上的午餐〉細部

卡米耶肖像，1871 年

1861 年 4 月，莫內應招入伍，只應傷寒而退役回勒阿弗爾，經濟上得到姑姑的援助，使他能夠繼續入格萊耶的畫室學畫。在此期間，他還向瑞士學院派風格油畫家查理斯・格賴爾學習。這兩年裡，莫內認識了彼埃爾・雷諾瓦、弗雷德里克・巴齊依和阿爾弗雷德・西斯萊等印象派畫家，並和巴齊依一起，在巴黎創建了一個畫室，經常前往楓丹白露森林和諾曼第海灘進行野外作畫。他們從事創作的唯一目的就是要在巴黎的沙龍裡展出自己的畫作。終於在 1865 年，他有兩幅作品在沙龍展出，得到肯定性的評論，其中一幅就是這幅後來正式命名為〈草地上的午餐〉的〈野餐〉，這是他與巴齊依和其他朋友一起在野外完成的習作。畫中除了他的朋友，那個女子是他的情婦——卡米耶・唐希爾。

卡米耶・唐希爾（Camille-Léonie Doncieux）1847 年 1 月 15 日生於法國中東部，如今

屬羅納省省會里昂附近的一個小鎮，父親夏爾·克勞德是一個商人。早在第二帝國時期（1852—1870），父親就帶著卡米耶遷居巴黎拉丁區的索邦大廈。過了幾年，在她妹妹熱納維埃芙——弗朗索瓦於 1857 年出生之後，又移居巴黎西北部的巴蒂諾爾斯。這是藝術家們聚居的一個地區。

卡米耶十多歲開始，就憑藉她優美的形體，在這裡給藝術家們做模特兒。後來，1865 年，她認識了大她七歲的莫內。據莫內說，卡米耶當時還完全是一個小女孩。莫內認為，她雖然出身微寒，但一頭黑髮和一對靈氣的眼睛，嫵媚動人。她為莫內擺姿勢，做他繪畫的模特兒。不久便成為他的情婦，雖然莫內當時還是一個窮畫家，卻是一個懷有理想、渴望成為藝術大師的畫家。他們兩人生活在貧窮的壓抑中，但是卡米耶帶給他快樂，賦予他

莫內〈綠衣女子〉

創作的靈感。在〈野餐〉之後，莫內又以卡米耶為模特兒畫出了〈綠衣女子〉。

莫內在這裡沿用傳統上繪製貴族肖像的真人大小來描繪他的情婦，表明卡米耶在他心目中的地位。此畫獲得意外的成功，入選沙龍，受到好評。看到這一成功，他姑姑索菲樂意幫他，使他繼續繪畫創作而無經濟之憂；也激勵了莫內，於 1866 年在巴黎附近的一個小鎮創作出另一幅

大型油畫〈花園裡的女子〉。據說這幅畫中的三位女子，全都是以卡米耶為模特兒的。

　　但是，莫內的父親和姑姑不認可他和卡米耶的結合，使他在 1867 年經濟上陷入困境。他們堅決表示不再支援他，作品〈花園裡的女子〉也被評審拒絕。在卡米耶懷上他們第一個孩子的時候，他們的生活就更艱難了。絕望中，莫內幾次向巴齊依求助，巴齊依出面寫信給他父親，請求他資助莫內。他父親提出的條件是莫內必須離開卡米耶。於是，莫內只好把卡米耶單獨留在巴黎，自己待到她姑姑鄉下的領地，使父親看起來他和卡米爾已經沒有原來的那種關係，因為不然的話，父親是肯定不願資助他了。

　　1867 年 6 月，莫內去聖‧阿德勒斯看望他父親和姑姑，並在那裡度夏。顯然，與父親的關係已經獲得和解。25 日，他寫信給巴齊爾說：「我在這裡已經 15 天了，如所期望的那樣快快樂樂。每個人對我都好，都稱讚我的每一筆劃。」但還補上一句：「如果不是因為我即將出生的孩子，我甚至可以說自己是這世上最開心的人了。」這時創作得兩幅畫〈聖‧阿德勒斯海濱〉和〈聖‧阿德勒斯的花園〉，那亮麗的光線和畫面，反映出他的好心情，畫中還畫進了他姑姑、姑父和他父親等人。

　　8 月 8 日，卡米耶生下她和莫內的第一個兒子讓‧阿芒德。當時，莫內特地從聖‧阿德勒斯趕到巴黎，陪在卡米耶身邊，並一起過了幾天，然後回聖‧阿德勒斯。年底，莫內又來巴黎過耶誕節，與卡米耶和他們的兒子一起待在一個寒冷的單住室裡。

　　熬過困窘的冬季後，1868 年春，莫內瞞著父親和姑姑，來巴黎與卡米耶和兒子一起生活。父親和姑姑不知道，滿以為他早已與他的情婦斷絕關係了。為了逃避債主，莫內一家只好搬入一處比較低廉的房子；隨後，三人又移居法國中北部貝庫爾附近一個叫格羅頓的小村子，後又遷

莫內〈聖·阿德勒斯的花園〉

往勒阿佛爾北面諾曼第海岸的聖安德雷斯小鎮。但因付不出房費，曾被小旅店趕了出來，卡米耶和孩子只好住到一個村民的家去，莫內則回去賺錢來維持他們的生計。好在這年他有五幅作品在世界海洋展覽會上展出獲了銀獎，另外，莫內還找到一位資助人露易絲—若阿香·戈迪拜爾在經濟上給予他支援。同時，戈迪拜爾夫人還說明他組織畫展，包括戈迪拜爾夫人肖像的畫展。這年，《藝術家》雜誌的編輯阿爾塞納·烏賽以 800 法郎購下他的卡米耶畫像，使他的經濟狀況有所好轉。

　　莫內和卡米耶於 1870 年 6 月 28 日在巴黎第八區市政大廈舉行婚禮，畫家居斯塔夫·庫爾貝任他們的證婚人。雖然莫內的父親因為不贊同他

們的婚姻而沒有到場，認為這一婚姻是極不合適的。卡米爾的富有遠見的父母則都參加了，他們不但認可女兒的結婚協議，還給了她一筆 1,200 法郎的陪嫁，只不過明確規定，這錢要以卡米耶的名字記載到她的帳戶上，使莫內的債主無法取走這錢。姻後，新婚夫婦帶了兒子去諾曼第的特魯維爾海灘度蜜月。莫內在這裡創作了〈卡米耶在特魯維爾海灘〉、〈卡米耶坐在海灘上〉等幾幅海灘畫作。但為了躲避債主，他把新娘和兒子留在諾曼第的勒阿佛爾，自己去看患病的父親。隨後，大概以他父親給他的錢去英國。1870 年 10 月，卡米耶和兒子在英國與他會面。

　　儘管迫於經濟狀況，這個小家庭一直過著不穩定的生活，卡米耶總是默默地忍受，沒有抱怨，無言地接受丈夫的一切安排，履行她作為妻子和模特兒的職責。莫內也因有這麼一個繆斯而深感滿足，一心以卡米耶為模特兒創作他的畫幅。

　　莫內在今日肯辛頓高街附近的「巴斯普萊斯」住到 1871 年初。在這裡，他只完成一幅原來就畫得差不多的描繪卡米耶的作品，題名〈休息〉。畫中，卡米耶慵懶地斜靠在一張寬大的長沙發上，手中拿著一本書。這幅畫今日被叫作〈躺在沙發上的莫內夫人〉。在倫敦，莫內認識了也是為躲避戰亂逃來這裡的法國著名畫商保羅·迪朗德-呂埃爾（Paul Durand-Ruel）。迪朗德-呂埃爾第一次購下莫內的幾幅畫。

　　這年，莫內和卡米耶去荷蘭旅遊，在北部的贊丹度夏。年底，全家回到法國，在塞納河附近的阿讓特伊租下一處帶畫室的住所。主要由於迪朗德-呂埃爾的說明，莫內的作品在 1872 年得以順利出售，使他的生活不再憂慮，並完成了〈卡米耶的閱讀〉和〈陽光下的丁香花〉等幾幅花園系列的作品，在這些作品裡，樹木花卉之間都有他妻子和孩子的身影。

　　1873 年，莫內又創作出〈丁香花下的休息〉、〈紅圍巾：莫內夫人

畫像〉、〈窗口的卡米耶・莫內，阿讓特伊〉、〈在阿讓特伊附近散步〉等妻子和兒子在自家花園的作品。4月，在見到畢沙羅和西斯萊的時候，他們一起共同商討，要成立一個可以自行組織畫展的藝術家聯盟。這一意願在12月27日實現，創建了「無名畫家、雕塑家、版畫家協會」。1874年4月15日開幕那天，展品中包括莫內的〈印象・日出〉。但〈印象・日出〉當時不為人所理解，批評家路易・勒洛瓦在4月25日《喧噪》上的評論《印象主義的展覽會》嘲諷說：「這幅畫的是什麼呀？看目錄吧。〈印象・日出〉。印象——我確信不疑。我正在告訴我自己：既然我已感受印象，就必須有一些印象在其中……多麼自由自在，多麼輕易的手藝呀！毛胚的漿糊花紙也比這海景更完整些。」（平野等譯文）可是，世界藝術史上的「印象主義」的名稱正是因為此畫而誕生。

1875年，莫內仍舊繼續一次次懷著深情畫他的卡米耶，如〈卡米耶和兒子在藝術家阿讓特伊花園〉、〈穿和服的莫內夫人〉、〈卡米耶在阿讓特伊花園〉等。但是到了1876年，由於他的畫所得的收入，滿足不了他家庭日益增長的開支，他的經濟狀況再次陷入困境。

卡米耶本來體質就弱，1877年懷她和莫內的第二個兒子邁克爾時，極大地損傷了她的健康，使她的身體狀況更糟了，並患上了盆腔癌。這一年，莫內僅僅畫了一幅畫〈拿紫羅蘭花束的卡米耶〉，是卡米耶生前的最後一幅畫。邁克爾於1878年的3月17日出生。

原來，從1876年的7月到12月，莫內都在一直資助他的巴黎商業大亨歐尼斯特・奧斯謝德（1837—1891）的蒙熱戎花園作畫，兩人友誼深厚。但是奧斯謝德在1876至77年間因「揮霍的生活方式」而破產，使莫內不但失去了資助人，還得接待奧斯謝德和他妻子愛麗絲全家都搬到他的位於巴黎西北郊韋特伊的住所，來與他們共同生活。因為人數過多，他們隨後遷居到從韋特伊至拉羅歇一居榮間的一座大房子，在這

莫內畫作〈穿和服的莫內夫人〉

裡，一共住了奧斯謝德家 12 口人，莫內一家以及幾個僕人。基於龐大的家用開支，還有卡米耶的醫療費用，莫內賣去他的很多畫作。而卡米耶的病情仍舊一天重於一天。於是，莫內懷著愛與絕望，畫下了卡米耶的最後一幅畫〈臨終的卡米耶〉。莫內和卡米耶原來舉行的是世俗的婚禮，如今，在卡米耶 1879 年 8 月 31 日去世前，由一位牧師主持了他們的宗教婚禮，結束在人世間的愛的歷程。

藝術家的情感總是會在他的作品中流露出來。有人統計過，從 1865 年的〈野餐〉到 1879 年初的〈臨終〉，莫內共為他的愛妻創作完成了以她為模特兒的畫作不下於 32 幅。不僅數量之多，更主要的是，從認識卡米耶開始，卡米耶就是這位大畫家唯一的模特兒，可見莫內對她的至愛，這在歐洲藝術史上還是不多見的。另外，在這些畫幅中，藝術評論家說，莫內常常以與真人等同大小的篇幅，透過卡米耶的服裝、她的姿態和他自己的創作手法，畫出了一位現代的巴黎女性。要感謝他們兩人的愛，感謝卡米耶作為畫家的繆斯，賦予畫家無窮的創作靈感，使藝術史上留下如此美妙的藝術珍品。

莫內〈臨終的卡米耶〉

梅西昂和他的繆斯伊馮娜

　　著名的法國古典主義鋼琴家、對法國音樂和作曲家奧利維爾·梅西昂做過深入研究的羅歇·米拉羅（Roger Muraro, 1959—）曾這樣說到梅西昂和他妻子伊馮娜·洛利奧：「如果梅西昂沒有一個像她那樣的鋼琴家妻子，梅西昂可能就不會成為梅西昂。」伊馮娜·洛利奧去世時，他們兩人的著名的美國學生保羅·克羅斯利（Paul Crossley, 1944—）在《獨立報》上發表文章，把他們和音樂史上的一對大師相提並論，說「我完全相信，奧利維埃·梅西昂和伊馮娜·洛利奧在音樂上的伴侶關係，有如羅伯特和克拉拉·舒曼的關係那樣重要。像克拉拉·舒曼一樣，伊馮娜·洛利奧是奧利維埃·梅西昂的繆斯，他的可愛的妻子，和對於像我這樣有幸之人的優秀的闡釋者和啟人心智的教師。」他們的評價都很貼切，一點也不過分。的確，在梅西昂的生活中，伊馮娜不僅是他的妻子，更主要的還是他的繆斯，雖然他們兩人都有極高的音樂天賦。

　　奧利維埃·梅西昂（Olivier Eugène Prosper Charles Messiaen, 1908—1992）生於法國南方的阿維尼翁，父親皮爾·梅西昂是詩人和研

究英國文學的學者，曾將莎士比亞的幾個劇本翻譯成法文；母親塞西爾・索瓦熱也是詩人，出版過組詩《萌發的靈魂》，這是她寫給她這個未來兒子的詩作《地球旋轉的時候》中的最後一章。梅西昂後來說，這組詩深刻地影響了他的一生，它預言了他以後的藝術家生涯。第一次世界大戰爆發後，皮爾服役入伍，塞西爾帶奧利維埃和他弟弟去法國南部的格勒諾布爾，寄住在她兄弟的家。格勒諾布爾是奧利維埃畢生最喜

奧利維埃・梅西昂，1986 年

愛的地方，在這裡，他先是對戲劇入了迷，和弟弟一起，自行製作玩具劇院，朗誦莎士比亞的戲劇；後來就開始作曲和自學鋼琴。在學習的時候，他鍾情的是當代作曲家，包括 1918 年 3 月裡去世的法國作曲家克洛德・德彪西和正值壯年的瑞士裔法國作曲家莫里斯・拉威爾。另外，他還學過法國浪漫主義作曲家赫克托・柏遼茲的《浮士德的懲罰》、德國古典主義作曲家克裡斯多夫・格魯克的《阿爾希斯特》和奧地利作曲家沃夫岡・莫札特的《唐・喬萬尼》、《魔笛》等歌劇的總譜。學習的收穫之一是少年梅西昂在 1917 年根據英國大詩人阿爾弗雷德・丁尼生的著名詩篇《夏洛蒂小姐》創作出他的同名處女作鋼琴曲。

1918 年 11 月，世界大戰結束，父親從前線歸來後，帶全家遷往法國西部盧瓦爾大區的南特。這時，奧利維埃開始首次獲得正規的音樂指導，除了學習鋼琴之外，還請了讓・德・吉本（1873—1952）教他和

聲。這年的 10 月 10 日，德·吉本老師送給梅西昂一部德彪西的《普萊雅斯和梅麗桑德》總譜，作為生日禮物。《普萊雅斯和梅麗桑德》是德彪西據比利時劇作家莫里斯·梅特林克的同名劇本改編的唯一一部歌劇。德·吉本給梅西昂講述這部總譜，給他留下深刻的印象。梅西昂說

作曲家梅西昂畫像

歌劇中兩個主角朦朦朧朧似的在夢中的自戕，使他感到像是「一陣晴天霹靂」。這是一個天才音樂家對樂音先天具有的特殊敏感性。想當年，柏遼茲小時候一次聽一支優美的音樂，先是覺得沉入一種淫逸的狂喜之中，隨後就因心悸和壓抑而全身騷動不安，最後甚至出現哆嗦和抽噎，幾乎痙攣得昏厥了過去。另有瑪利亞·馬利布蘭第一次聽貝多芬的 C 小調交響曲時，因為受到強烈的震動而不得不離開音樂廳。正是這種天生對音樂的異常的敏感，才使柏遼茲成為法國浪漫主義時期的偉大作曲家，使馬利布蘭成為具有世界聲響的女高音歌唱家。梅西昂也一樣，他後來就曾宣稱，說《普萊雅斯和梅麗桑德》「對我可能產生最有決定性的影響」。研究者認為，在梅西昂早期的創作中，很明顯帶有德彪西音樂的印跡。

　　1919 年，父親在巴黎得到一份教師的工作。於是，他們全家遷居巴黎，並設法讓十一歲的奧利維埃·梅西昂進了「巴黎音樂院」作曲系學習。在這裡，梅西昂開始系統而廣泛地學習東方和西方的節奏。學習

中的一大受益就是他的導師，以創作管弦樂而享有盛名的管弦樂法教授保羅‧杜卡（1865—1935）對他的教導，給他留下極深的印象：學習作曲，應多多「傾聽鳥兒的歌唱」。於是，梅西昂接受杜卡的指點，開始研究鳥鳴和微分音音樂。這幫助他的天才得到了更好的發展。至 1930 年從學院畢業，梅西昂在 1924、1926、1927、1928、1929 年，作品多次獲獎。

1931 年 9 月，梅西昂被任命為巴黎「三一教堂」的管風琴師，這職務一直沿襲到他去世。四年後，為弘揚新的法國音樂，他和作曲家喬治‧米戈、安德列‧若利韋、伊夫‧博多里埃等一起，創建名為「螺旋星雲」（*La Spirale*）或叫「青年法蘭西」（*La jeune France*）的一個小組。這個組成立於 1935 年 12 月，曾舉行過第一次演奏會，活動至 1937 年 5 月。1936 年起，梅西昂任教於「聖樂學校」和「音樂師範學校」，直到 1939 年第二次世界大戰爆發，入伍法國軍隊，只因視力不好，沒有直接參加戰鬥，而讓他做些輔助性的工作。但 1940 年 5 月，他在凡爾登被捕，作為士兵被囚禁於德國東部格爾利茨的獄中。1941 年從西里西亞戰俘營獲遣返回巴黎，1942 年起恢復在「三一教堂」的職務，並繼續在巴黎音樂院任和聲學教授。伊馮娜‧洛利

演奏中的伊馮娜‧洛利奧

奧是他在這裡的一個學生。

伊馮娜・洛利奧（Yvonne Loriod, 1924—2010）五歲開始由她的奧地利教母內莉・埃敏熱—西瓦德夫人教她學習鋼琴，到十二三歲，她的演奏已經達到上臺表演的水準，包括莫札特所有的協奏曲、貝多芬所有的奏鳴曲和巴赫的兩卷各 24 首的前奏和賦格「48 曲」。這些作品都難度很大，但是天才的伊馮娜後來回憶起來說：「我覺得它們都非常容易，是上帝賦予我很好的記憶。」進入巴黎音樂院後，伊馮娜・洛利奧先是向拉札爾・萊維學習鋼琴，向安德列・布洛赫學習和聲。奧利維埃・梅西昂是 1941 年 5 月 7 日遣返回來後才開始教導她。洛利奧曾這樣記述第一次上課時同學們見到梅西昂時的情景：

　　……學生們都熱切地在等待這位新教師的到來，最後，他帶著樂譜出現了，手指由於在戰俘營裡呆過的關係，腫得非常厲害。他走到鋼琴跟前，將德彪西的《牧神午後前奏曲》總譜全部攤開，然後一節一節地全都彈奏一遍。全班同學都被迷住並深受感動，立即每個人都喜歡上他了。

在教與學的過程中，梅西昂很快就看出伊馮娜・洛利奧具有非凡的記憶力和令人炫目的技巧，深信她可以透過演奏對他所寫的音樂作品做出極好的解釋。梅西昂聲言，伊馮娜是「一位獨一無二、極其傑出的鋼琴家，她的存在不僅改變了作曲家寫作鋼琴的手法，還改變了作曲家的風格、世界觀和思想模式。」

1942 年 12 月，梅西昂受電影製片人鄧尼斯・圖爾的委託，為「七星音樂會」寫個作品。於是，他在 1943 年創作了《阿門的幻想》。他是

有感於洛利奧的演奏技巧、並受她的啟示而創作的描述他倆感情的兩架鋼琴曲。第一部分是專門為洛利奧那高超得令人炫目的技巧而寫的，音色亮麗，要求演奏者能有極為超群的技藝；第二部分以大和絃為其特色，是寫給梅西昂自己演奏的。後來在與另外幾位鋼琴家討論他的音樂時，梅西昂說，他從來沒有擔心過這部作品的難度，因為他知道，洛利奧能夠演奏任何作品。1943 年 5

伊馮娜·洛利奧演奏的手

月 10 日，《阿門的幻想》在巴黎的「夏龐蒂埃畫廊」首演，取得良好的效果，出場演奏的伊馮娜·洛利奧當時還只有十九歲。隨後不久，梅西昂在 1944 年又為洛利奧寫出他最重要的宗教題材的鋼琴獨奏作品《對聖嬰耶穌的二十凝視》。梅西昂宣稱，這部作品裡「有很多鋼琴的特點和獨特的效果，是對創作鋼琴曲的一次小小的革新，要是我沒有聽過伊馮娜·洛利奧最早的演奏會，我一定不可能認識到這一點。」專家說，梅西昂的偉大作品可以被看成是一個作曲家的創作風格直接受到他為其所寫的演奏者影響的最明顯的例子。同年。梅西昂還為洛利奧寫了女聲合唱與管弦樂隊結合的《敬神禮儀小曲三首》。在這部作品印出的總譜上，梅西昂僅只有一句簡單的題獻：「獻給伊馮娜·洛利奧」。但是一個沒有發表的本子上的題詞，表明了他和伊馮娜之間關係的默契：「獻給伊馮娜·洛利奧，她的技巧與她的天賦相映得彰，她完全理解我的心意。」

從這幾年裡兩人的關係，不難看出，梅西昂心中已經認定伊馮娜·

洛利奧就是他的繆斯，他靈感的源泉。他深深地愛著她。但是梅西昂是一個天主教徒，還已在 1932 年與索邦學院教授的女兒，頗有成就的小提琴家和作曲家克雷爾‧德爾博斯（Claire Delbos, 1906—1959）成婚，並在 1937 年生有一個兒子。克雷爾在婚姻初期曾多次流產，二次世界大戰後做的一次手術失敗之後，開始喪失記憶，患上精神病，進了一家療養院，且健康每況愈下，失去自理能力。天主教徒是不能離婚的，離婚被認為是姦淫，違反教律。因此，雖然梅西昂和洛利奧兩人同住一座三層樓房，但卻不得不分開：梅西昂住一層，洛利奧住另一層，中間一層是教學樓，兩人不能生活在一起。由於既不能離婚，又不能和洛利奧同居，使梅西昂內心異常痛苦，情緒極壞。處在這種情況下，「我們就痛哭」，洛利奧回憶說，「我們哭了差不多二十年，直到她（克雷爾）去世，我們才能結婚。」

儘管如此，愛情仍在他們的心中滋長，好似一棵被石塊壓住的小草那樣地滋長。

從 1945 年開始，到 1949 年這幾年時間裡，梅西昂的創作，全都是獻給洛利奧的，其中如「特里斯坦三部曲」中的一些，都像具有「特里斯坦和綺瑟」的故事精髓，既表現了愛的神祕，又帶著性的成分，最後的結局常常都是兩個情人的死亡。這是因為他愛伊馮娜，兩人卻無法實現愛的結合，看不到愛的前程。伊馮娜自然也因她不能與梅西昂結合而深感痛苦。但她沒有把克雷爾看成是他們愛情的障礙而懷恨在心。幾年裡，直至克雷爾病逝，幾乎每一個週末，伊馮娜都懷著一顆真誠的心，陪伴梅西昂，去看望克雷爾，以自己的關愛，化解梅西昂心頭的壓抑和悲痛。克雷爾死後，他們又等了兩年才舉行婚禮，然後去日本度蜜月。在日本，梅西昂創作出《七俳句：日本素描》。

結婚之後，梅西昂開始住進洛利奧的位於蒙馬特爾高地北面馬卡德

街的公寓，過起自由自在的兩人
生活。

　　從小時待在位於羅納河和阿爾
卑斯山地區格勒諾布爾的舅舅家時
起，拉歇山下和伊澤爾河畔的幽靜
環境，就讓梅西昂習慣於盡情享受
山林、風聲和鳥鳴的美。後來，開
始學習音樂之後，保羅‧杜卡老師
教導的「傾聽鳥兒的歌唱」，使他
深信每一種鳥兒都是音樂大師。同

音樂伴侶梅西昂和伊馮娜

時，梅西昂想必也知道，當年，瑞典女子珍妮‧林德去巴黎向世界著名
的聲樂教師曼努埃爾‧派特里修‧羅德里格斯‧加西亞學習聲樂，雖然
獲得很大的教益，但她還是聲稱，說她不想遵循任何人的規則來唱歌，
她所努力追求的是要像鳥兒一樣地唱；她認為，只有唱得最好的鳥兒，
才合乎她對歌唱所要求的真實、清晰和傳神。珍妮‧林德後來確實做到
了這一點，而以「瑞典的夜鶯」聞名世界。

　　還在青年時代，梅西昂就試圖從鳥兒的叫聲中啟發他的音樂創作，
著名的如他被俘後在獄中創作的《末日四重奏》，總體是描寫他自己當
時的苦痛心境和對宗教的由衷讚美。其中的《受傷的鳥》部分，即是將
鳥鳴融入全曲的和聲。這部作品曾在 1941 年在戰俘營中演奏過，三位
法國音樂家分別拉小提琴、大提琴、吹單簧管，梅西安自己彈鋼琴。後
來，他技巧的運用越來越成熟，具有代表性的是 1953 年創作的《百鳥甦
醒》，被認為是春日午夜至日中的交響詩。這首鋼琴曲由午夜、凌晨鳥
兒醒來、日出晨歌和中午的大休止四部分，由梅西昂所採集來 38 種鳥鳴
構成。

梅西昂在林中記錄鳥鳴

　　梅西昂一直喜歡進入大森林和鳥市場，去記錄異域鳥兒的鳴叫。如今，這已成為他的日常課程，伊馮娜總是隨時陪伴著他。幾乎每個星期天，這對音樂伴侶都要帶上答錄機和紙筆去郊外；他們還安排時間去往歐洲的其他地區，去日本、澳大利亞、北美、希臘、印度和太平洋上偏遠的小島，伊馮娜將鳥兒的歌聲錄下，梅西昂則在紙上筆錄鳥兒的曲譜，尤其是夜鶯，各個不同地區的夜鶯。梅西昂喜歡在暮色蒼茫的林中聽鶇鳥的啾囀，他說：它們「或許是法國最可愛的歌手」，「只要你聽到過一次，就永遠忘不了」。梅西昂就在伊馮娜的幫助下，從這些鳥兒的歌聲獲取靈感來創作。例如梅西昂創作的著名的鋼琴曲《群鳥錄》，先後相間描述了紅喉雀、黑烏鶇、斑鶇、鄉間雲雀、阿爾卑斯紅嘴山鴉、黃鸝、青烏鶇、黑耳麥翁鳥、短尾雲雀、大葦鶯、短趾雲雀、岩烏鶇、

岩石畫眉、禿鷲、淺灰杓鷸、灰林鳥等數十種鳥兒的歌聲。著名的音樂評論家傑瑞米‧艾克勒讚美說：「這些作品並非簡單的模仿，更非純粹只是受鳥啟示的創作，像《群鳥錄》和《園中之鶯》，都是音色的詩篇，讓人聯想起當時的情景，以及色彩和氛圍。」

伊馮娜作為梅西昂的繆斯，一個音樂家的助手，不僅給梅西昂帶來靈感，還給他許多有效的幫助，使梅西昂得以創作。梅西昂十分感激他的繆斯，他晚期的創作，全都是獻給伊馮娜的。

伊馮娜‧洛利奧也一直全心全意地支援他的工作。1992 年梅西昂去世後，他開始著手整理梅西安生前的手稿這一巨大工程，包括梅西安逝世前的未完成的作品和早期作品。她永遠保持著對梅西昂的愛。著名的法國古典鋼琴家羅歇‧穆拉洛一次去看望伊馮娜‧洛利奧過後說：「夫人（指洛利奧）去梅西安的墓地拜祭之後，她告訴我，她深愛著梅西安，以前是，以後也是，一直都是。」

晚年的梅西昂和伊馮娜

施特勞斯的奧爾迦

1837 年 10 月 30 日，俄羅斯帝國的第一條鐵路從聖彼德堡經沙皇村至巴甫洛夫斯克，正式通車。它如乘客所從容的，「就像一匹專為女士們訓練的馴服的馬」，把她們帶往他們想去的地方。

巴甫洛夫斯克原是女皇瑪利亞・葉卡捷琳娜贈給他的兒子、繼承人帕維爾・彼得洛維奇的禮物。1782 至 1786 年間，在這裡建起圓頂矩形結構的大宮殿和英國式的大公園，多年後又在原來的基礎上作過多次的修改和補充，一直是著名的旅遊勝地。作為旅遊點，尤其在夏日，不難想像，需要有音樂陪伴那些來此避暑的賓客。後來，這裡就常舉辦音樂會來助興。一直以來，每年的夏季音樂會都是由匈牙利格拉茨軍樂隊的隊長來出任指揮的。近年，一位新的明星閃耀在歐洲的樂壇，主辦者便想到，何不借助他的聲譽，來增加對遊客的吸引力呢。

奧地利的小約翰・施特勞斯 (Johann Strauss II, 1825—1899) 是音樂家老約翰・施特勞斯三個音樂家兒子中最著名的一個，他共創作了近五百首舞曲，其中一百五十多首圓舞曲，包括飲譽全世界的《藍色的

多瑙河》可謂無人不知，讓他有「圓舞曲之王」的美稱。

雖然施特勞斯的《藍色的多瑙河》和其他名曲，多數都作於 1860 年代，但是 1844 年 10 月在維也納「多姆邁爾音樂廳」的首演，就贏得批評家和報刊的好評。隨後的十年裡，傳記作家說，「他的圓舞曲、波爾卡和進行曲並不僅僅在舞廳中受到歡迎，它們也深深吸引了人民公園或者娛樂場所的『音樂會聽眾』，而

青年時代的施特勞斯

「圓舞曲之王」約翰・施特勞斯塑像

且成為……和貝多芬、孟德爾松、舒曼、柏遼茲、李斯特、瓦格納以及其他許多『嚴肅音樂』作曲家的作品相提並論的佳作。」所以，巴甫洛夫斯克火車站要請這位被權威的音樂評論家愛德華・漢斯里克稱為「當代最優秀的圓舞曲作曲家」來招徠旅客，也就是料想中的事了。於是，從 1856 年 2 月施特勞斯開始踏上去俄國的路，到 1865 年，施特勞斯每年夏季，從 5 月 2 日至 10 月 2 日，都在巴甫洛夫斯克「沃克斯霍爾」（Воксал）音樂廳或音樂廳外面的畫廊，指揮演出，受到上自王公貴族下至普通聽眾的歡迎，期間還有一段他和一位俄羅斯少女的有點哀傷的浪漫情感交流。

1856 年，貴族女子學院學生奧爾迦・斯米爾尼茨卡婭（Ольга Смирнитская, 1837—1920）正和她父親華西里・尼古拉耶維奇・斯米爾茨基將軍，以及她的母親，還有她弟弟一起來巴甫洛夫斯克的別墅度夏。奧爾迦當時還不到十九歲，和當時的許多年輕大學生一樣，十分時尚。她喜愛文學和音樂，不但閱讀，還常以俄國大詩人普希金、萊蒙托夫和費特、柯里佐夫等人的詩篇，自行配曲來演唱，有的還得以出版。她所作的曲子中那滿含柔情而又有點傷感的旋律，表現了她這個年齡的少女所共有的對愛情的渴望，期待著有一個她所愛的人的到來。像施特勞斯這樣一位創作和指揮如此富有激情的音樂的作曲家，自然成為奧爾迦・斯米爾尼茨卡婭內心中的偶像。

1858 年夏天，施特勞斯指揮第三輪「俄羅斯演出季」中的一天，在「娛樂大廳」的音樂會上，施特勞斯發覺聽眾中有一個漂亮得很有魅力的少女，穿一身亮麗的布拉吉，熱切的眼神裡帶有一點憂鬱在注視著她。音樂會結束之後，在照例挑揀粉絲們贈送的大量花束和信函時，施特勞斯發現一小籃子的白玫瑰，中間夾了一張便條，上寫「獻給大師，一個陌生人的敬意」。幾天後，音樂家和這位少女在一家音樂商店相認

了，隨後他們就見面，一次次的相見，音樂是他們通用的世界語。奧爾迦向音樂家請教有關音樂方面的知識，還演唱抒情歌曲給他聽。

　　1859 年，施特勞斯再次來到俄羅斯的時候，他和奧爾迦的感情有了進一步的發展。34 歲的作曲家很愛這個 20 歲的姑娘。他告訴她：「我越來越相信，你就是上帝為我選定的姑娘」。

　　在所愛的人的面前，嬌生慣養的奧爾迦感情衝動，表現得可愛、率直又淘氣，常常撒嬌。施特勞斯簡直被她這種奔放的激情驚呆了，而她這種撒嬌又很讓他覺得可愛。於是，他便叫她「我親愛的孩子」，或者「小淘氣」「我的心肝兒奧爾迦」「我的夢想」「我尊貴的天使」，和「我的一切」等。奧爾迦的到來，賦予施特勞斯靈感，讓他為奧爾迦創作了《波爾卡—瑪祖卡》等樂曲，還借柯里佐夫的詩《心靈的渴求》

施特勞斯和奧爾迦

(*Так и рвется душа*) 寫了一首曲子，來表達他自己的心跡。奧爾迦也創作出表露她內心的曲子，施特勞斯不但在「演出季」上演了她創作的樂曲，回到維也納之後，仍然滿懷深情地演奏這樂曲。施特勞斯在 1859 年 11 月 22 日給奧爾迦寫的信中告訴他的甜心說：「我的兄弟約瑟夫也知道你創作的抒情曲了，因為我每一天、每一個鐘點都在演奏它，因為它是我在鋼琴上彈奏的唯一的一支曲子。」在此之前，施特勞斯也多次給奧爾迦寫過表達愛情的信：如在 1858 年 7 月 31 日凌晨寫道：「我越來越相信，你是上帝為我選定的人，沒有你也能生活下去的想法，在我心中已經沒有任何位置了……」同日清晨 3 時 45 分，他又禁不住繼續寫道：「除了

在我死前我要親吻你的雙唇，此外不可能再有其他最後一吻了……我高貴的孩子，我們將會怎樣呢？」（潘海峰譯文）

回到維也納後，施特勞斯仍不忘思念奧爾迦。他給奧爾迦寫信說：「昨天……我在人民公園演奏，那裡聚集了兩千多人。他們熱情地鼓掌達幾分鐘之久來歡迎我這個維也納的兒子。最受歡迎的是《旅行—歷程—圓舞曲》……還有你寫的《瑪祖卡》。波爾卡的《小淘氣》……也被要求再次演奏……所有的人都知道，我的心留在了彼得堡……」

施特勞斯和奧爾迦的愛情是背著他人悄悄進行的，但是，他們的祕密還是被奧爾迦的父母發覺了。在 19 世紀貴族的眼中，作曲家為貴族演奏音樂供他們消遣和享受，被看作是一個傭人在為雇主服務，他的地位是低賤的，贈送禮物不過像付小費似的，是一種賞賜。鋼琴家弗蘭茲·李斯特當年在巴黎教授法國內閣部長女兒卡洛琳·德·聖克里克鋼琴時，師生之間產生了愛情，就因地位不相稱而遭解雇，要他立刻離開，永遠不准再上他家。奧爾迦一定受到家庭的警告，要她斷絕和施特勞斯來往。只是最初，富有浪漫激情的奧爾迦沒有聽從他們的話，她仍給施特勞斯寫信，兩人繼續往來。可是他們的愛情能堅持嗎，雖然當時施特勞斯還是一個未婚的青年？列寧格勒「音樂」出版社 1975 年出版 E·邁耶里奇的《施特勞斯傳》這樣寫道：

約翰·施特勞斯在聖彼德堡的奧地利朋友奧古斯特·雷勃洛克在俄國已經生活很長時間了，當他被告知施特勞斯對奧爾迦的愛時，他感到十分震驚。他說：「我只希望這一夏日羅曼斯不會以醜聞告終。」雷勃洛克認識出版商貝爾納，貝爾納就是尊照她（奧爾迦）的父親華西里·尼古拉耶維奇·斯米爾茨基將

軍的吩咐出版奧爾迦創作的浪漫樂曲的。由於雷勃洛克對聖彼德堡社交界的方方面面都很熟悉，所以他堅信，奧爾迦不會得到她父母的允許而嫁給施特勞斯——一個有自己樂隊的指揮，即使是一個富有天才而獲得極大成功的人，都和她社會地位不相稱。奧爾迦的母親尤多吉雅・阿基莫芙娜最後毫不含糊地讓施特勞斯明白這一點。

情況真是如 E・邁耶里奇所預料。

在施特勞斯和奧爾迦愛的交往期間，兩人互通了數以百計的情書。奧爾迦寫給施特勞斯的情書大概當時就被銷毀了。不過施特勞斯寫給奧爾迦的，據說，因奧爾迦的母親一次次要女兒把這些信燒掉，奧爾迦便請她忠實的女友、見證她和施特勞斯愛情的波琳娜・斯維爾契科娃代她保管。1899 年，施特勞斯去世後不久，為編寫施特勞斯著作全目，維也納「施特勞斯研究院」從事這項工作的湯瑪斯・艾格納博士在多方搜集的過程中，了解到這一線索，便向波琳娜建議，將這批信件贈送給作曲家的遺孀阿黛爾・施特勞斯，由阿黛爾付她一筆酬金。但波琳娜回答說已經找不到了。巧的是到了 1990 年代初，艾格納在維也納城市圖書館的檔案裡發現約翰・施特勞斯在「俄羅斯之旅」時期寫給奧爾迦・斯米爾尼茨卡婭的信，竟有一百多封。1926 年先有幾封發表，全信由湯瑪斯・艾格納編成，以《奧爾迦・斯米爾尼茨卡婭：約翰・施特勞斯情書一百通 》（*Olga Smirnitska die Adressatin von 100 Liebesbriefen von Johann Strauss*）為題，於 1998 年在德國出版，後被譯成俄語出版。從這些信中可以略知奧爾迦和施特勞斯之間後來的一些不為人知的情況。

1859 年 7 月，正值夏日演出季，施特勞斯雖然非常忙，但是合約規定每週有一天休息。奧爾迦應該可以和他見面。但是事情顯然已經發

俄文版《施特勞斯情書一百通》

生變化，這從施特勞斯給奧爾迦寫的一封信中不難猜到。施特勞斯在信中訴說：「我愛你愛得發瘋了。你知道，沒有你我不能活。」。這表明，一定是他不但碰不到奧爾迦，也收不到她的信，才發出這樣的感嘆：「我只有在讀到你給我的信時，我才能得到安慰，因為只有見到你，我才有生活下去的力量，只有擁有你，我的天使，感受到你的呼吸，我才能維持我的生命。」施特勞斯接著向奧爾迦祖露：「我每分鐘都經受著極大的痛苦」，「沒有你的生活，我覺得就和死一樣」。最後，施特勞斯說到，因為想她，感到「我已經再也沒有生的歡樂，再也沒有希望，除了死，我是什麼也沒有了」。於是便高喊：「天哪，讓我死吧！」結果他似乎真的瘋了，因為他說到：「人們看著我，就像看一個瘋子；我覺得他們都被嚇壞了，全都迅速從我旁邊逃走，像關一頭野獸似的把我送進一家精神病院。」全信以這樣幾句結束：「感謝你此前那些安慰我的信，但（現在）對我已經沒有安慰作用了。我的激情把我毀了。原諒我吧，我的天使……你忠實的約翰」。

無疑在後來的一段時間裡，奧爾迦依然沒有跟施特勞斯聯繫，使作曲家痛苦萬分。在 30 日清晨寫給奧爾迦的信中，施特勞斯抱怨說：「我多麼難過——你為何不能到我這裡來呢？」他這樣訴說見不到奧爾迦的痛苦心理：「我想用音樂來安慰自己，想嘗試這樣做，可是我無法這樣繼

續下去，我的神經在顫抖，我渾身無力。奧爾迦，我多麼憂傷！我幾乎沒有力量寫這幾行字。我從未哭過，可是今天——我只能對你承認——我流淚了。」他甚至哀嘆：「啊，奧爾迦，我覺得我不久即將死去，將一個人死去……」

不難想像，像任何一對情人那樣，施特勞斯和奧爾迦幽會時，雙方都會誓言要忠實於他們的愛情，並對未來充滿美好的夢想。但是奧爾迦父母的階級偏見，絕不允許自己的女兒嫁給這個出身低賤的音樂家。此外可能還有一個小小的因素，就是施特勞斯在巴甫洛夫斯克時常常罹患重病，醫生們都說他只能活兩年，也增強了奧爾迦父母的這一決心。

奧爾迦是一個順從的女兒，對於父母的警告，她不知道該怎麼辦才好。奧爾迦是愛約翰‧施特勞斯的，但她又怕不聽從父母的意見會傷他們的心。面對女兒如此猶豫的態度，像許多把兒女看成自己家產的父母一樣，她母親尤多吉雅‧阿基莫芙娜親自出場了。

奧爾迦的母親找了施特勞斯。這個有權勢的老婦人，性格固執。她向施特勞斯表示，希望他不要把他和她女兒的關係暴露在眾人面前，以影響他家的聲譽。她警告說，他們是絕對不會容許女兒獨立作任何決定的。她並告訴他，他們已經為她找好與她相配的丈夫了。她還要求施特勞斯把奧爾迦寫給他的信全交給她。施特勞斯回答說，請不要把他看成是一個「不高尚的或者輕率的人」。他向他發誓：奧爾迦給他的信，他會一直帶在身邊，直至「陪伴我進入墳墓」。兩個人，一個要他無論如何把信交出，說這是為了奧爾迦的前途，也是為她的未婚夫著想；一個則要求讓他保留這些信，並明白告訴她，即使是奧爾迦的父親來向他索取，他也只會跟他說，這些信已經被付之一炬，「因為我需要這些信，以維持我的生命。我不能沒有這些信。」老婦人聽後罵道：「我什麼都不會相信你，不相信從你愚蠢的頭腦裡冒出的任何騙人的話語……」施

特勞斯寫信告訴奧爾迦，說在如此的對話中，他感到自己受到了侮辱，「不知不覺間，我對這個為了實現自己的計畫竟如此訴說自己孩子惡行的母親感到非常氣憤。」

　　兩人的談話無果而終，奧爾迦的母親沒有達到她所期望的目的。施特勞斯也不想對奧爾迦的父親解釋，因為他知道，她父親也不會理解一個藝術家的心靈，不會遵從他女兒的合理的選擇。「我所做的一切都是為了你呀，奧爾迦。」施特勞斯傾訴說，「我可以獻出我的生命，但我不能跟你父親談什麼。可憐我吧，我的孩子奧爾迦。」

　　得不到奧爾迦父母的同意，朋友們勸施特勞斯帶著奧爾迦私奔。可是奧爾迦怎麼也跨不出這一步。當他的兄弟在 1860 年去世後，做女兒的責任使她最後決定和母親待一起。於是，到施特勞斯再次向奧爾迦求婚時，她便送他一綹她的青絲，作為永遠離別的紀念。

　　在童話故事中，總是讀到這樣的結尾：「兩個相愛的人終於結合在一起，從此過著幸福的生活」。在小說裡讀到的卻往往是：「他們結了婚，但是都不幸福」。現實生活中往往也是如此。

　　奧爾迦·斯米爾尼茨卡婭和約翰·施特勞斯分離後，很快就結了婚，嫁給一個叫亞歷山大·拉津—拉津斯基的律師。兩人的婚姻持續了六十多年，在丈夫去世之後幾個星期，她也離開了人世。他們沒有一點兒浪漫情調，家裡聽不到音樂，丈夫對她十分冷漠，夫妻兩都互不理解，她一生就完全沉浸在憂鬱中。奧爾迦生有四個子女，一個患有精神病，另一個也在年輕時自殺了。

　　約翰·施特勞斯共結過三次婚，但沒有一個子女，家庭沒有幸福，也沒有安慰。他畢生都保存著那幅施特勞斯陪伴她擺姿勢、畫家伊凡·馬卡羅夫創作的奧爾迦的肖像畫。回憶奧爾迦的信和看看奧爾迦的肖像，就是施特勞斯對他這位「北方繆斯」唯一的紀念。

夏卡爾的貝拉

　　在人的一生中，某些所謂的「徵兆」或者預言，是否真的可信，一直是人們長期爭論和科學家探求的問題。因為人絕大部分的生活都很平常，神奇便容易成為他的夢想或者追求。於是，這類徵兆或預言，無論真假，總樂意被饒有興致地記憶和記錄下來，且寧信其真，不信其假。最後，對偶有「應驗」的事傳為美談，甚至添加附會；其他部分則忘得一乾二淨。

　　偉大的超現實主義畫家夏卡爾回憶自己時曾說：「母親告訴我，我生下來的時候，全城都被一場大火所吞噬。為了救我們，我們兩人躺在床上，被一個地方轉移到另一個地方。或許，這就是為什麼我總是覺得我必須要到一個個地方去。」很多人相信，這是一個徵兆，應驗了他日後一生漫遊天下，從出生地輾轉去聖彼德堡、莫斯科，隨後去巴黎，去布列塔尼，去法國南方，去巴勒斯坦，去荷蘭、西班牙、波蘭、義大利，又去法國盧瓦爾地區，去美國，最後到達法國濱海阿爾卑斯聖保羅，像一隻鳥兒，不停地飛奔。又據說有一個吉普賽女孩曾預言，說夏卡爾會

馬克‧夏卡爾

有不平凡的一生，會愛上一個不平凡的女人、兩個普通的女人。如果不是事後的附會，全都說對了。

　　馬克‧查哈羅維奇‧夏卡爾（Марк Заха́рович Шага́л, 1887—1985）是俄裔法國畫家，他的作品依靠內在的詩意力量而非繪畫邏輯規則，綜合立體主義、象徵主義和野獸派，上升到超現實主義，把來自個人經驗的意象與形式上的象徵和美學因素結合到一起，被認為是「20 世紀猶太藝術家的典範」。畢卡索甚至宣稱，除了馬諦斯，夏卡爾是唯一真正理解色彩是什麼的畫家。

　　夏卡爾原名摩西‧西格爾（Мойш Сегал），生於當時屬於俄羅斯帝國的白俄羅斯，維捷布斯克的市郊里沃茲納，一個典型的猶太人家庭，為九個孩子中最大的。替鯡魚商做搬運工的父親是一個沉默寡言的正派人，相反，經營一家小商店的母親是個好心的話匣子。摩西出生的那天，一場從未有過的大火，迅速遍及維捷布斯克郊外，把大部分的房子都籠罩在一片火海之中。夏卡爾懷疑這可能是他今後一生命運的一個徵兆。

　　夏卡爾的童年是在歌唱家祖父的家中度過的，祖父是當地猶太教堂的領唱。夏卡爾後來進了一家猶太教會小學，學習猶太人的語言意第緒語，和《托拉》、《塔爾木》等猶太經典；隨後進俄語學校，因為那個

時候，猶太人還是被允許接收非宗教的世俗教育的。

十九歲那年，摩西一次去大畫家伊利亞·列賓的學生，寫實派畫家耶胡達·尤里·佩恩的工作室（也有說是佩恩創辦的「維捷布斯克藝術學校」），觀賞過他的作品之後，便愛上了繪畫，很想進那裡學畫。但遭到父親的反對，認為學畫沒有出息，無前途可言。他母親則很支持他。佩恩看出這個青年人有藝術才華，深受感動。兩個月後，他答應，允許摩西任何時候都可以去他那裡，由他來教他。於是，摩西得以像其他的那些未來藝術家們一樣，在這裡開始磨練他們的技巧，畫些當地的商人、自己家庭的成員和維捷布斯克的窮人。但是不久，摩西·西格爾就不滿足畫這些東西了，他甚至厭棄這種生活。他對自己有更大的期望，於是決定離開家鄉。

1907 年，摩西·西格爾帶著僅有的二十七個盧布，去往俄國首都和文化中心聖彼德堡。那時，在聖彼德堡，除了高資產、高學歷的人才，一般的猶太人是受歧視的。摩西的生活處在極度窮困的邊緣。後來他設法請求貴族和高層猶太人資助，進了一家學校學習，同時為《東方》雜誌的希伯來文版做編輯，並為一家商店作裝修。1910 年春，在先鋒派雜誌《阿波羅》的運作下，他舉辦了第一次個展。在聖彼德堡這段時間裡，摩西·西格爾認識了兩位自由知識份子類型的年輕人維克多·梅克勒和傑雅·勃拉赫曼（Тея Брахман）。他們把他帶進青年知識份子和藝術家的圈子，然後投入著名畫家和舞臺設計師列翁·巴克斯特的門下。傑雅和他相處得特別好，成為他的密友，甚至肯裸體為他的創作擺姿勢。

年輕的時候，夏卡爾心中就充溢著愛的夢想。那時，他自己坦言，不論在游泳還是在畫畫，他都不忘姑娘們的存在。他歡喜在河邊仔細打量她們，女子中學學生的髮辮，連她們褲腿上的花邊，都會使他激動萬

分、不得安寧。但當真的和她們相處時，他往往又變得十分拘謹。他喜歡一個叫「利奧茲諾的尼娜」的女孩，希望和她一起單獨散步，一意識到這一點，他就激動得全身發抖，也可能是恐懼得發抖。後來，兩人終於坐到了一起，坐在長條椅上，他吻了她，一次又一次地吻她，但就是沒能再跨越一步。又有一個叫「安紐達」的女孩，他整整追求了她四年，天天思念她，而看到她的連衣裙時，又膽怯起來了。在這漫長的時間裡，他只有一次下定決心吻她。但實際上並不是他的主動，而是她首先擁抱他、吻了他，他才回吻她的。

只是第三次接觸女孩子，情況就不同了，是一次真正的初戀。那是1909 年秋，地點是安紐達的女友傑雅‧勃拉赫曼的家。一次在等待傑雅的時候，夏卡爾回憶說：「一個似乎從另一個世界飄來的悅耳動聽的聲音，令我激動起來」。她是傑雅在馬林斯基中學時期的同學。那個彷彿從天國傳來的聲音，深深地打動了他。他急不可耐地想過去和她說幾句話。可是慣有的拘謹，使他猶豫了一會。等到他下定決心要過去時，她已經告別離開了。好在後來，當他和傑雅出去散步時，又再次見到了這個「她」。這時，就像是吉普賽女郎預言的命定，摩西突然覺得：

　　　　我應當同她，而不是同傑雅在一起！

　　　　她默默不語，我也默默不語。她抬起眼睛——啊，她的眼睛！——我也抬起眼睛。

　　　　我們似乎早已認識，而她對我的一切十分了解：我的童年、我現在的生活乃至我的未來：她似乎早就在觀察我，就在我身邊，儘管我是第一次見到她。

　　　　於是我明白了：這才是我的妻子。

　　眼睛在白淨的臉上閃耀：又大，又突出，又黑！這是我的
眼睛，我的靈魂。

（陳訓明譯文）

　　摩西‧西格爾說的這個「她」即是後來成為他的妻子和他的繆斯的
貝拉。

　　貝拉‧羅森菲爾德（Белла Розенфельд, 1895—1944）原名貝爾
塔，貝拉是她和馬克‧夏卡爾去巴黎之後的稱呼。她出身於一個正統猶
太人的多子女之家。家庭非常富裕，父母擁有幾家珠寶商店。父親整天
都沉浸在猶太經典《托拉》，即「摩西五經」裡，由機智、務實的母親
處理商務事宜。雖然這個家庭遵從宗法制舊習俗，但是頗有遠大目光，
肯讓貝爾塔去接受非宗教的教育。貝爾塔在維捷布斯克家鄉的學校畢業
獲銀質獎章之後，去莫斯科，進莫斯科大學歷史—文學—哲學系繼續學
習，並在著名戲劇家康斯坦丁‧斯坦尼夫斯基的工作室和《俄羅斯晨
報》學習表演和寫作，被認為是一個謙遜而又富有幻想的藝術型女孩。
期間，她寫過有關杜斯托也夫斯基的和「俄國農民的解放」的論文。

　　1909 年秋，貝爾塔回到維捷布斯克時，在傑雅‧勃拉赫曼的家裡見
到年輕的窮畫家，當時叫摩西‧西格爾的夏卡爾。她在回憶錄《發紅的
亮光》（*Les Lumières allumées*）中這樣描寫當時兩人相見的情景：「我很
驚異他的眼睛，它們像晴空一樣的藍。他的眼睛是不尋常的，不像某個
人如杏仁似橢圓形的。我從未見過這樣的眼睛，除了在描繪野獸的童話
插圖上。他的嘴有點張開，或許他想說些什麼，或許要用他鋒利雪白的
牙齒咬嚼。他所有的動作都像一隻潛伏的野獸的動作。」那一刻，貝爾塔
承認：「我不敢抬起眼睛迎合他的目光。他的眼睛……是天和水的顏色，
我在那裡，就像在河裡游泳。」接著，她懷著沉思寫道：「他在想什麼

呢？我看到深刻在她額上的皺紋。他向我靠近時，我低下我的眼睛。誰都不說話。我們兩人都感到我們的心在跳動。這個男孩的臉容，就像我的第二個自我，活在我的心裡。此前我沒有見過一個藝術家有像他這樣的模樣。」

真是一見傾心：一個覺得他是她的「第二個自我」，一個認定她才是「我的妻子」。不用說，兩人立即就互相愛上了。她在他的身上看到了他的才華，相信可以在他那裡寄託她的一生。一年後，她成為他的未婚妻和新娘。愛情讓馬克・夏卡爾在這年為貝拉創作出他的第一幅描寫她美麗形象的作品〈我的帶黑手套的未婚妻〉，表達了他對她的真誠的愛。

但是他們沒有立即舉行婚禮。因為馬克要去聖彼德堡；隨後，又在聖彼德堡獲得一位贊助人提供的生活費去了巴黎。到巴黎後，馬克・夏卡爾先是在蒙帕納斯待了一年半，後來遷到專供放蕩藝術家居住的那個叫「蜂巢」的住宅區的一個工作室。在這裡，夏卡爾結識了阿波里耐等先鋒派詩人和一些未來的表現主義、立體主義藝術家。他感到，這裡什麼都讓他覺得親切。他這樣寫道：「在俄羅斯作畫，我沒有激情，俄羅斯一切都很昏暗，色調都是灰黃的。來到巴黎後，我為光的閃變而感到震驚。」環境和心裡的變化，使夏卡爾繪畫創作的題材也發生了變化，因而他頗有感觸地把巴黎看成是自己的故鄉：「巴黎，你就是我的維捷布斯克！」

為了藝術，這對愛侶四年沒有見面。當然，他們深深地互相思念。夏卡爾寫信給未婚妻：「我擋開月亮，讓燭光在室內流淌。選擇你，只有你的愛，才是我的渴望……」貝拉唯一所能做的就是給未婚夫寫溫柔、優美、詩篇一樣的回信。夏卡爾深切地感受到她的愛。後來他寫道：「多年裡，是她的愛照亮了我的藝術道路。」。

1915 年，夏卡爾回到了家鄉。他對貝拉的愛到了狂熱的地步。貝拉

夏卡爾〈帶黑手套的貝拉像〉

夏卡爾和貝拉

也無比地愛著他。雖然她的家人告訴她，跟隨一個窮畫家，最後是會使她窮到身無分文的，而且在旁人面前也覺得不體面。但是女兒固執己見。這讓夏卡爾十分感動，他滿足地寫道：「多年裡，我一直為我得到的愛所包容」。於是他們在 7 月 15 日舉行婚禮。在紅色的帳幔下，兩人一起擁抱、接吻。夏卡爾說：「今天是我一生中最重要的日子⋯⋯這就是我的婚禮」，雖然簡陋的婚禮上，「看不到天空和星星，也聽不見音樂」。一年後，他們生了一個女兒伊達。

　　貝拉很美，而且很有才華。她本可以成為一位有成就的作家或演員，但是她選擇把自己的一生獻給愛，獻給對夏卡爾的愛。是她的愛讓她作為夏卡爾的繆斯，賦予夏卡爾創作靈感。夏卡爾在自傳《我的一生》（Моя Жизнь）中曾說到貝拉給予他一種非同尋常的奇異感受。他寫道，和貝拉在一起，他「有一種極度平靜、輕盈甚至飛躍的感覺」。於是，他就將貝拉賦予他的這種輕盈、飛躍和愛的感覺，表現到畫面上。

　　1915 年的〈生日〉，創作於夏卡爾跟貝拉結婚之前不久的一天，畫中表現的是夏卡爾生日 7 月 6 日（俄曆 6 月 24 日）的場景。

　　貝拉送鮮花給他，讓夏卡爾深受感動，他寫道：「也許我們曾經貧

困，當時身邊沒有鮮花。第一束鮮花是貝拉帶給我的……對我來說，這些鮮花閃耀著幸福的生命。人不能沒有花。花能使人暫時忘卻悲劇，但花也能反映悲劇。」在這幅畫中，夏卡爾以大紅的地毯和紅色的桌子，呈現他對愛的強烈的幸福感。收到貝拉的鮮花後，夏卡爾狂喜得飛了起來，然後轉身親吻他的愛妻。從此之後，在他的畫作中，始終都洋溢著愛的幸福，將愛與美作出完美的展現。

夏卡爾〈生日〉

夏卡爾〈飛越小鎮〉

在 1917—1918 年間創作的〈飛越小鎮〉中，夏卡爾將故鄉維捷布斯克作為畫面的背景：這安逸寧靜的城市，居民們似乎還都在睡鄉之中，只有他和他的貝拉，漂浮在它上空。他懷抱著貝拉，占據畫面整個上方的空間，兩人的形體幾乎完全合而為一，成為一體，像橫幅那樣懸掛行走的意象。他似乎覺得，如他所說的，愛帶給他「一種極度平靜、輕盈甚至飛躍的感覺」。在他們的下面，則是夏卡爾青年時代所記得的受貧困煎熬的猶太區的家鄉。這

夏卡爾〈散步〉

夏卡爾〈帶花束和酒杯的二重肖像〉

些超越現實、離開地面的意象，表現的都是他與貝拉一起輕盈的飛行和愛的自由激情，在空間蕩漾。

像這種輕盈飛躍的感覺，在夏卡爾的其它畫作中，也都有表現，如 1917 年的〈散步〉（或〈散步場所〉）中，夏卡爾表達了他與貝拉結婚的喜悅：他微笑著，右手抓著一隻鳥，左手舉起貝拉；而貝拉則像一隻風箏，高高地升騰到親愛的夏卡爾所站立的地球的上空，他的腳旁是一束鮮紅的激情之花。

作於 1918 年的〈帶花束和酒杯的二重肖像〉是夏卡爾為紀念他與貝拉這幾年的愛情和婚姻而創作的。

他的頭稍稍偏右，像雜技演員似的，以一個酒杯來平衡軀體，左手蓋住貝拉的眼睛，盡可能隱藏他們的陶醉情緒。

夏卡爾畫過許多〈以致我的妻子〉的畫，其中一幅畫了貝拉裸體斜躺在床上，這表明夏卡爾特別強調與貝拉一起的生活，兩人享受 29 年的婚姻，直至 1944 年 9 月貝拉突然去世。夏卡爾這裡表示他向貝拉致敬。

實際上，在夏卡爾的創作中，愛的主題始終一貫都與貝拉的意象連繫一起。專家解讀說，在夏卡爾各個時期的作品，包括貝拉去世之後的作品中，都能看到貝拉那明亮的黑眼睛。如1914 年的臉貼著臉的〈藍色戀人〉，1916 年擁抱著靠在對方肩上的〈粉紅戀人〉，同一年凝視前方讓男人緊靠在胸前的〈灰色戀人〉等，可以說，在夏卡爾創作的幾乎所有的女性上，都可以看出這個特點。

夏卡爾〈藍色戀人〉

　　俄羅斯經過兩次革命之後，布爾什維克掌握了政權。領導人不理解夏卡爾的藝術：他的畫上，「為什麼牛是綠的，而馬在天上飛？」「他們與馬克思和列寧有何共同之處？」貝拉父母三個商店裡的寶石、黃金、白銀、鐘錶全被肅反委員會的人員掠走了。貝拉、夏卡爾和他們只有兩歲的女兒都生活在飢餓線上。貝拉只好去舊貨市場一件件變賣她身邊的首飾，來換取麵包和奶油，有一次還竟遭到拘留。後來被一個好心人收留，全家三人加上保姆，全擠在一個房間裡。夏卡爾深感故土已非他流連之地。於是，1922 年 4 月，他們一家帶著唯一的行李──他的畫作，永別了俄羅斯，首先前往柏林，第二年再去巴黎，從此在那裡定居。多年裡，仍然有貝拉的愛滋潤著他的藝術，貝拉的愛讓他度過納粹入侵時期的夢魘歲月。即使在這些年月裡，貝拉仍然是夏卡爾創作靈感的源泉和畫面的中心。1930 年的〈雜技演員〉以此前〈帶花束和酒杯

的二重肖像〉中所描述過的雜技姿態，讓貝拉接受他的親吻。1938 至
1939 年〈艾菲爾鐵塔旁的婚禮〉是他再一次對與貝拉的愛和婚姻的感情
回蕩。

　　1941 年 7 月，夏卡爾帶著全家去美國避難。但是，幸福的生活不
長，薄命的貝拉在 1944 年感染流行性感冒。雖然這時第一種抗菌素盤尼
西林特效藥已經發明，但是產量很是有限，且貝拉入住的那家醫院的盤
尼西林全都用到二戰前線去了。貝拉得不到應有的治療，出現併發症，
無法救治，於 9 月 2 日死於敗血症，未能活到二戰結束，享受勝利的喜
悅。一個非同尋常的女人！夏卡爾悲痛欲絕。四年後，他這樣寫道：
「你潔白的翎毛，／在天際飄蕩、浮動」，「閃光的墓碑，／在對著我哭
泣……」愛的溫馨，留存在他的心裡，支持他的生活：「薄暮，我吻她。
在我的心間，她依然是那麼的美。貝拉裸體，光潔，文靜。貝拉為我擺
姿勢……」回憶幫他生活下去，但是他的心仍在哭泣。「我的愛在哪裡，
／我的夢在哪裡，／我的歡樂在哪裡……每日每夜我都聽到你的聲音。
／每次時鐘的打鳴我都能聽到你的聲音。／不論誰喊我，我都能聽到你
的聲音。／在你沉默的時候，我也能聽到你的聲音……」無盡的思念，
在他的心底裡。

　　貝拉去世後，留下一個筆記本，這是貝拉平日裡用意第緒語記載下
來的，內容是回憶她的童年時代和她所經歷的事件。夏卡爾為它配了
六十八幅插圖，他們的女兒伊達將它從意第緒語翻譯成法文於 1946 年出
版，題為《發紅的亮光》。此書後來又被譯成俄語出版，題為《熱烈的
火焰》（Горящие Огни），是研究夏卡爾不可缺少的第一手材料。

　　貝拉確實可算是夏卡爾愛上的一個「不平凡的女人」。那麼利奧茲
諾的尼娜和傑雅·勃拉赫曼是吉普賽女子說的他所愛的「兩個普通的女
人」嗎？不。是另外的兩個。

夏卡爾〈艾菲爾鐵塔旁的婚禮〉

　　1945 年，夏卡爾與英國外交官戈弗雷‧哈格德的小女兒、已經有過一段婚姻生活的維吉尼亞‧伊蒂絲‧哈格德（Virginia Edith Haggard, 1915—2006）結婚，生有一個孩子。但這段婚姻僅持續了七年，於 1952 年 4 月突然終止。維吉尼亞立即在 5 月 14 日嫁給比利時在英國的攝影家夏爾‧雷倫斯。同年，夏卡爾也即於 7 月 12 日再娶他女兒介紹的俄國猶太女子，暱稱「瓦瓦」（Vava）的瓦倫丁娜‧布羅茨基（Valentina Brodsky, 1905—1993）。這段婚姻一直到夏卡爾去世，而且妻子對夏卡爾的藝術創作上也有一些事務性的說明，但是總不如初戀的貝拉，能夠給予他激情，賦予他靈感。所以，別說是維吉尼亞，就是瓦瓦，對夏卡爾都也只能說是普通的愛情。

阿爾瑪：一名魔性的繆斯

　　頗有文化素養的英國女高音歌唱家薩拉・康諾利（Sarah Connolly, 1963—）在 2010 年 12 月 1 日的《衛報》網站上發表了一篇題為《阿爾瑪問題》的文章。開頭是這樣寫的：

> 　　音樂就是音樂，無論是天使或是魔鬼創作的。阿爾瑪・馬勒無疑是一個惡魔。不過是一個令人著迷的惡魔……她和居斯塔夫・馬勒、瓦爾特・格羅皮厄斯和弗蘭茲・沃菲爾的婚姻，和許多男人，包括她 17 歲時給她第一個吻的古斯塔夫・克萊姆特，她的作曲老師、她第一個所愛的人亞歷山大・封・澤姆林斯基，與或許是她唯一真正愛的人奧斯卡・考考斯卡的關係，使他成為 20 世紀最著名的繆斯和魔女。

歷史上曾經產生過諸多賦予男性藝術家創造靈感的善良而美麗的繆

斯。從阿爾瑪‧辛德勒和這些大藝術家的此種關係，不難想像，這個異常漂亮的女人大概也曾成為這些藝術家的繆斯；而作為繆斯的同時，她又會是一個魔女嗎？看來，世界上是沒有什麼不可能的。

　　阿爾瑪‧瑪麗婭‧辛德勒（Alma Maria Schindler, 1879—1964）生於奧地利享樂主義首都維也納的一個生活優越而心靈憂鬱的家庭。父親埃米爾‧雅克布‧辛德勒是一位優秀的風景畫家，曾榮獲過一項著名

青年時代的阿爾瑪

的藝術獎；1887 年，受魯道夫王儲的委託繪製達爾馬提亞沿海地區圖，因而名聲大振，成為哈布斯堡王朝一位重要的藝術家。阿爾瑪很崇拜她的父親，每天都會好幾個小時待在父親的工作室陪伴他。父親也竭力提高她音樂的天賦和對文學的興趣，他給她朗讀歌德的《浮士德》，教她欣賞從尼采、叔本華到斯丹達爾、易卜生和其他名作家的經典作品。阿爾瑪的母親安娜‧索菲‧貝爾根是從漢堡來到維也納的

歌劇歌唱家。表面上看，她是一個最忠實的妻子，但是她在阿爾瑪兩歲時生下的她妹妹格萊特卻是一個遺傳性梅毒患者。人們還知道，很多年來，她一直和她丈夫的學生與助手，後來成為「分離派」的創始人之一的年輕畫家卡爾‧莫爾私通。1892 年 8 月 9 日，埃米爾‧辛德勒在他藝術成就最高峰的時刻，在北海的德國島嶼敘爾特死於闌尾炎感染（另外有材料說他是死於納粹安樂死的實驗）。隨後，他們兩人成婚。這年阿

爾瑪十三歲，經歷了一次類似哈姆雷特的母親背叛他父親的心靈痛苦。

客觀條件好或者不好，都可能讓人奮發，也可能使人沉淪。阿爾瑪有令人傾慕的美貌，又有富裕的生活和罕有的修養，也有喪父之痛，這一切對於她來說，究竟是她的有幸還是她的不幸？

1897 年，就是莫爾成為她繼父那年，正當阿爾瑪跨入少女成熟的門檻。對一個女孩子來說，這是一個非常重要的時期。劍橋大學的德國和奧地利藝術史專家弗蘭克‧惠特福德在《奧斯卡‧考考斯卡傳》寫道：

> 雖然阿爾瑪不具古典式的美，但她姣好的容貌也盡會引發許多男性的注意，特別是年紀較大的男性。她一頭栗色的秀髮和一對明亮透徹的藍眼睛就是她最好的相貌；即使沒有這一些，她的舉止和她的自信也會給人留下深刻的印象。她很健談，知識廣博，尤其在藝術、音樂和文學方面（這或許是最有力的催情劑──原文如此），並好像總是全神貫注地在傾聽男人說的每一句話。那並不表明她真的感興趣，而是因為她的輕度耳聾使她不得不聚精會神地去聽的關係。

因而似乎就讓阿爾瑪有條件如薩拉‧康諾利說的，成為「一個定會有創造性的天才圍繞他身邊的女人」。阿爾瑪的一生，也可以說都生活在和「創造性天才」們的交往中，從而演繹出一幕幕藝術家和他們的這位繆斯或魔女的離奇故事。

1897 年 4 月，「奧地利分離派美術協會」在維也納成立，推選古斯塔夫‧克萊姆特為主席，卡爾‧莫爾為副主席。隨後，像約瑟夫‧奧爾勃裡奇、約瑟夫‧霍夫曼、柯洛曼‧莫澤和阿爾弗雷德‧羅勒等多位協

會成員都成為副主席莫爾家的常客；正處在青春期的阿爾瑪，也獲准參加他們的共同聚餐會，並以她的青春美貌受到這些名人的注意。

古斯塔夫·克萊姆特（1862—1918）在藝術上主要關注女性形體，從他的許多鉛筆畫上可以看出，他作品的特色就是表現色情。克萊姆特在頻繁的聚餐會上，主要的注意力就落在莫爾的這個十七歲的繼女身上，十分欣賞這位異常美麗又有知識的少女，熱烈地愛上了她，雖然他要比她大十七八歲。阿爾瑪大概也不拒絕他，她在日記中把他列為三次主要愛情中的第一次，認為是她的第一個情人。她這樣寫到她第一次性經歷的浪漫狂想：

古斯塔夫·克萊姆特作為我第一次的偉大的愛進入我的生活，而我那時還是一個天真的孩子，完全融入到我的音樂之中，遠離我真實的生活。我越是感受這愛，越是沉沒到我的音樂之中，所以我的不幸也就成了我最大的喜悅的源泉。

克萊姆特從阿爾瑪那裡獲得靈感，為她創作了多幅畫像。他們偷偷見面，克萊姆特還慫恿她兩人假日去義大利旅遊。阿爾瑪也發誓忠實於他。就在這次旅遊中，克萊姆特偷到了阿爾瑪的第一個親吻。但是，他們的關係被阿爾瑪的父母發現了。阿爾瑪在自傳中說：「我們的愛情被我母親粗暴地破壞了。她看了我吞吞吐吐寫在日記中的話，因而知道我愛的情形，最可怕的是還看到克萊姆特吻過我……」卡爾·莫爾強烈要求克萊姆特一定離開他的繼女，並承諾今後不再與她保持聯繫。這件事情也導致了莫爾和克萊姆特之間的分裂。

馬克斯·布克哈德（1854—1912）也是卡爾·莫爾家的常客。直至

1898 年，他都擔任維也納「宮廷劇院」的導演，特別是他導演的易卜生、霍普特曼、施尼茨勒、霍夫曼斯塔爾等現代劇作家的作品，受到極高的評價。為阿爾瑪的美所震動，他給阿爾瑪送戲票，給她買來一袋袋經典的和現代的文學作品，培養她剛剛萌芽的才華。但是作為一個反猶主義者，他也給阿爾瑪灌輸了反猶的思想，特別是尼采哲學中的「跌倒了，就再推他一把！」這一句，成為阿爾瑪指導性的格言，影響到後來許多傾慕她的人的痛苦遭遇。

不過與繪畫或戲劇相比，阿爾瑪的心靈告訴她，她更喜歡的是音樂，她覺得自己有音樂天賦，總是被音樂所吸引。她喜愛的作曲家中包括舒伯特和舒曼，不過他最喜愛的是理查爾·瓦格納，說是「我喜愛他超過世界上任何一個人——我發誓！」為了學習音樂創作，她找了後浪漫主義作曲家、捷克盲鋼琴家約瑟夫·拉博爾（1842—1924）。在拉博爾的指導下，阿爾瑪創作出了一些作品；還為她的這位老師創作了即興抒情兼有獨白的《歌曲》（Lieder）和鋼琴曲，風格有如她的日記那麼直露而親切。

為提高她音樂創作的水準，阿爾瑪在 1900 年春天去找作曲家和指揮家亞歷山大·馮·澤姆林斯基（1871—1942）。澤姆林斯基在創作和指揮兩方面都有極高的造詣，被認為是維也納最有前途的一個人。見面後，她在日記中以刻薄的口氣說他是個「小個子，沒有下巴，眼睛鼓出，舉止粗野」，是「一幅漫畫像」。不過兩人一交談，就變得融洽了，他們長時間地談瓦格納和他的《特里斯坦和綺瑟》。阿爾瑪向他表示，這是她所喜愛一部歌劇，澤姆林斯基說他也很喜歡，於是她說，她對他便刮目相看了：「我非常喜歡他，非常非常。」

在教學上，澤姆林斯基可算得上是一位無人能比的老師，他還曾是大作曲家阿諾德·勳伯格的老師，在他的引導下，阿爾瑪根據里爾克、

海涅和其他詩人的作品,創作了許多歌曲。

兩人一起時,澤姆林斯基被阿爾瑪的美貌和藝術修養所打動。於是,阿爾瑪這個性感而又有自信的年輕女人和內向的澤姆林斯基之間很快就產生了熱烈的愛情。她也愛上這個「醜陋的小侏儒」了,澤姆林斯基也以同樣的愛向回報。開始,阿爾瑪只允許澤姆林斯基吻她和撫摸她。但澤姆林斯基深知如何以他「演奏家的手」來激發她的性欲望,於是她在她的日記中就出現這樣的字句:「阿曆克斯(澤姆林斯基的愛稱)——我的阿曆克斯。我渴望在你的聖洗池中——讓你豐盈的水傾注進我的體內!」

阿爾瑪和澤姆林斯基的通姦大約持續了兩年。家人和朋友們覺得他們師生的這種關係是極端不恰當的,於是澤姆林斯基不得不中斷;也有說澤姆林斯基發現居斯塔夫·馬勒也愛著他的這個學生時,就退縮了。

古斯塔夫·馬勒(Gustav Mahler,1860—1811)是奧地利籍的猶太作曲家和指揮家,天才的馬勒在 1897 歲之時被提升為「維也納歌劇院」藝術總監,登上了他所選擇職業的頂峰,是所有指揮家都夢寐以求而畢生仍終不可得的位置。

馬勒 1901 年 11 月 7 日第一次在奧地利女作家伯莎·祖克康得爾-塞帕斯(1864—1945)

古斯塔夫·馬勒

的沙龍見到阿爾瑪時，被她的美貌驚呆了。一回到家，馬勒給阿爾瑪發了第一封信，當天晚上的聚會上，便向她求婚。隨後又接連不斷地給她寫信，一次比一次急，12 月 19 日的信甚至長達 20 頁。家人試圖說服阿爾瑪不要和馬勒交往，因為對阿爾瑪來說，她比他大二十歲，畢竟太大了，又有傳言說馬勒非常窮，而且還患有不治之症。但是……

阿爾瑪一直渴望自己能成為一位名人的妻子。雖然馬勒當時四十二歲，阿爾瑪是二十二歲，而且古板又乏味，但是阿爾瑪想，他的名聲可以補償他這枯燥乏味的個性。於是，她投降了，不是向馬勒本人，而是向維也納最偉大的作曲家和指揮家投降。於是，兩人於 1901 年 12 月 23 日耶誕節前訂婚，離他們認識僅一個月多幾天，1902 年 3 月 9 日就在維也納卡爾教堂那裝飾華麗的大廳中舉行了婚禮。馬勒的朋友和雙方認識的朋友對他們的婚姻都感到茫然。不過結婚這天，阿爾瑪已經懷有他的第一個孩子了。

婚後，他們搬進歌劇院附近的一處公寓，雇了兩個保姆和一位英國家教，因為女兒瑪利亞・安娜已在 1902 年 11 月 2 日出生，不過她在五歲時就死於白喉；兩年後生的第二個女兒安娜後來成長為一位雕塑家。

與馬勒一起的生活跟阿爾瑪以往和她父母一起的外向生活完全不同。馬勒討厭社交，每天都只是死死板板地按部就班做他的工作。與馬勒結婚甚至使阿爾瑪「忘掉」了自己對音樂的興趣。並不是她不再喜愛音樂，而是在婚前馬勒就向她提出，婚後「禁止」她繼續她最喜愛的音樂創作，要她為了他作無怨無悔的犧牲，當時她含眼表示順從。阿爾瑪竭力希望在藝術上克制自己，甘願做一個可愛的妻子，支援丈夫的音樂創作。但是她感到拘束，感到孤獨，縱使有兩個孩子也無法改變她內心的空虛。

但是有研究者認為，實際上阿爾瑪並不愛她的丈夫，她也根本不是

阿爾瑪和她的兩個孩子

馬勒作品的粉絲，也許只有其中有她音樂畫像的《第六（悲劇）交響樂》和帶有迷信色彩的 *Das Lied von der Erde*（《大地之歌》）。她只是被馬勒的無窮的精力、充沛的活力和兒童似的天真所吸引，她似乎從來就沒有真心「愛過」馬勒。畢竟最初的幾年，阿爾瑪和馬勒的關係還是親密的。不過慢慢地，阿爾瑪感到，馬勒雖然愛她，卻不能使她幸福，特別是隨著女兒瑪利亞的死，自己又有一次流產（可能是人工流產），她患上了嚴重的憂鬱症。

1910 年 5 月，阿爾瑪帶女兒安娜去施泰爾馬克的托貝爾巴德溫泉鎮療養時，遇到了一位比她還年輕四歲的建築師，後來成為「包浩斯」（Bauhaus，德國「建築設計及應用工藝美術學校」）創建者的瓦爾特·格羅皮厄斯（1883—1969），兩人產生了愛情。最初，他們的關係還僅限於帶著強烈性感的信件。到了 9 月，阿爾瑪就在琢磨：「什麼時候，你會裸體躺在我的身邊，……什麼都不能把我們分開，我活著唯一就是要能完完全全成為你的。」

這個時候很快就到來了，甚至在格羅皮厄斯一次將一封原要寄給阿爾瑪的信「錯誤地」寄給了馬勒，使事情敗露之後，他們仍然不顧後果地繼續他們的關係。當馬勒和阿爾瑪去慕尼克舉行一場音樂會時，阿爾瑪設法安排和格羅皮厄斯在「攝政旅館」見了面、睡在了一起。後來兩人又機敏地避開馬勒，一次次幽會。阿爾瑪希望有一個格羅皮厄斯的孩子，她甚至把他們的關係告訴了她母親。

由於從 1908 年 1 月 1 日在美國大都會指揮瓦格納的《特里斯坦和綺瑟》開始，兩年多的時間，馬勒都帶著阿爾瑪在歐洲各地演出，使她和格羅皮厄斯中斷了聯繫。1911 年 2 月 21 日，馬勒忍受著 40 度的體溫，在紐約「卡內基大廳」完成了最後一場音樂會，被診斷出患了嚴重的「細菌性內膜炎」，回巴黎治療。於是，阿爾瑪給格羅皮厄斯寫信，要他

去塞納河畔的納伊和她見面。不過這次格羅皮厄斯沒有來。在巴黎的醫生感到無能為力之後，馬勒也明白，自己的病，再治療也沒有希望，便要求把他送回維也納，最後於 1911 年 5 月 18 日去世，還不到 51 歲。他最後的《第十交響樂》就是他發現妻子和格羅皮厄斯通姦的 1910 年夏天，他一生最艱難的時刻創作的。在留存下的手稿上也留下了他流血的呼叫：「只有你知道這意味著什麼！啊！啊！啊！別了！我的音樂！別了！別了！別了！」「我為你而活！也為你為死！阿爾瑪奇呀！」

　　馬勒去世後，阿爾瑪繼續給格羅皮厄斯寫信。格羅皮厄斯來維也納見這個年輕的寡婦，繼續他們的激情。但是馬勒的死破壞了她的情緒，她決定在公眾面前保持一段時間哀悼之情。格羅皮厄斯讓她留在維也納，和她分開，但向她表示：「不管幾年，都會期待和渴望見到你」，並保證：「只要你需要，我隨時隨刻都會出現」。

　　兩人很快就重新開始通信和見面，雖然不很頻繁。但是在此悼念期間，阿爾瑪仍舊沒有減退對其他男人的興趣。她認識了一個叫魯道夫‧卡默勒的生物學家，協助他做蟾蜍的人工授精和獲得性遺傳的實驗研究。至少卡默勒的妻子是相信，他們的實驗一直都是在臥室裡做的，其含義不言自明。另外，她還認識了奧地利作曲家和指揮家弗朗茲‧施賴克，兩人有過風流韻事。

　　1912 年 4 月 12 日，在繼父卡爾‧莫爾家用中餐時，經繼

考考斯卡畫像

父介紹，阿爾瑪認識了青年畫家考考斯卡。奧斯卡・考考斯卡（Oskar Kokoschka, 1886—1980）生於奧地利西部多瑙河邊的一個叫珀希拉恩的小鎮，三歲時隨父親遷居維也納，先是進維也納工藝美術學校，1907 至 1909 年建在維也納工藝製作室接受訂製。莫爾因在一個以維也納酒店業主的名字命名的「哈根藝術」展覽會上看到他的作品，留下深刻的影響，便請他為他的繼女畫一幅肖像。畫像就安排在維也納最繁榮的地段之一，一個號稱「觀景台」之地他豪華的家。莫爾對他繼女說考考斯卡是個「年輕的天才」，心想定會引起她的興趣。考考斯卡宣稱阿爾瑪第一眼就愛上了他。這似乎不好理解，倒是阿爾瑪的帶有羅曼蒂克情調和戲劇化的回憶比較可信。據阿爾瑪所說，第一次的畫像是頗有戲劇性的：

> 他帶來幾張毛糙的畫紙來作畫。過了一會兒，我告訴他，我不能就這樣被盯著讓他畫，要求我是否可以在他畫的時候彈彈鋼琴。他開始畫了，總老是咳嗽，每次都把沾有血跡的手帕藏起來。他的鞋子撕裂了，他的外衣也破了。我們幾乎不說話，但他仍然無法著筆。
>
> 他停了下來——突然劇烈地抱住了我。我覺得這種擁抱很奇特。……我沒有明確的反應，似乎是已經使他受到了感動。
>
> 他急忙衝了出去，不到一小時，就有一封最美妙的求愛信在我手裡了。

正式開始畫像的時候，考考斯卡讓阿爾瑪像達文西「蒙娜麗莎」的原型，義大利弗蘭西斯科・德・喬孔達的妻子麗莎・格拉迪那樣，擺出她的坐式，露出像她一樣神祕的微笑。最後，他畫出了一個年輕漂亮的

考考斯卡畫的阿爾瑪像

纖弱女子，鬆散不整的金色頭髮，窄小而顯得有力的嘴。不過阿爾瑪自己認為，這幅畫就像義大利文藝復興時期聲名狼藉的博爾吉亞家屬的中心人物、與很多藝術家發生過風流韻事的盧克雷西亞‧博爾吉亞。

考考斯卡當時是一個窮困的年輕畫家，此前未曾有過女人，見到漂亮的阿爾瑪，立即被阿爾瑪感動了，特別是像她這麼一個受到許多男人追逐的名人；他相信她會成為她的繆斯，同時她還可以幫助他，使他有一個身份，促使他進入她一直保持密切關係的藝術圈子。阿爾瑪也為考考斯卡所感動。雖然他還沒有像她的其他征服者那樣著名，但她在他的身上看到他的才華。於是，從第一次見面起，他們就開始頻繁通信，每天都寫；認識之後大約兩天，他去她住所看她時，兩人就上床了。不過她不允許他在她那裡過夜，也從不讓他所希望的那樣來控制她。在他們一起去她郊外的家時，她也堅持要他與她各住一個臥室；兩人外出旅遊待同一個旅館時，也要他住另一個房間。研究者認為，她保持這種獨立性，或是因為她擔心完全沉迷在這種性愛中，或者是對這樣全然的沉迷不感興趣。

阿爾瑪的確賦予考考斯卡無窮的靈感。從這第一幅畫像開始，直到1915 年終止兩人的關係，考考斯卡共創作了大約 450 幅畫來描繪阿爾瑪和表現他對阿爾瑪的激情，其中以〈風中的新娘〉（*Die Windsbraut*）最

考考斯卡〈風中的新娘〉

為著名，畫作表現畫家和阿爾瑪正處在海難中的一艘小船上。但是有批評家解讀說：畫面上，藝術家的手交叉插在一起，他的情婦溫柔地憩息在他肩上，又彷彿兩人躺在月光和山景間的一張雲彩編織的床上。

　　隨著第一次世界大戰的到來，考考斯卡應徵加入奧匈軍隊，阿爾瑪與他拉開了距離，重新和格羅皮厄斯聯繫。1915 年，阿爾瑪・馬勒和瓦爾特・格羅皮厄斯正式結婚，1916 年生了一個女兒，沿用瓦爾特母親的名字，取名曼儂。可惜曼儂在 18 歲時死於脊髓灰質炎，即小兒麻痺症。奧地利作曲家阿爾班・貝爾格為她寫了一出小提琴協奏曲，來「紀念一位天使」。

　　1917 年 11 月，阿爾瑪認識了捷克詩人威弗爾。

　　弗蘭茲・威弗爾（Franz Werfel, 1890—1945）是布拉格一位富有

的手套商人的兒子，在大學預科讀書時就認識弗蘭茲・卡夫卡和卡夫卡
的好友馬克斯・勃羅德。像卡夫卡一樣，威弗爾也是一個用德語寫作的
猶太人，他從不忘記他的猶太背景。從 1911 年第一部詩集，熱烈歌頌
人類兄弟情誼的《人類友情》開始，他出版了多部小說和戲劇，其中最
著名的包括表現奧斯曼帝國 1915 年對亞美尼亞人實行種族滅絕的小說
《穆薩・達季的四十天》（1933）和描寫天主教虔誠女信徒貝爾娜黛特
（1844—1879）生平的小說《貝爾娜黛特之歌》（1941）。

　　威弗爾相貌醜陋，阿爾瑪說他是一個「弓形腿、凸嘴唇的猶太
人」，比她小十一歲，她不喜歡。但他把阿爾瑪看成是他的救星，他的
女神，一個讓他崇拜的人。不過，她去旅館看他時兩人也便做愛。

阿爾瑪和威弗爾

1918 年春，阿爾瑪懷孕了，生下一個兒子，用的是格羅皮厄斯的姓，叫馬丁·格羅皮厄斯。起初，毫不知情的格羅皮厄斯以為這是他的孩子。但是阿爾瑪與威弗爾仍在繼續的關係很快就暴露了。於是，格羅皮厄斯和阿爾瑪協議離婚。在馬丁因腦積水只活了十個月就夭折之後，阿爾瑪和格羅皮厄斯於 1920 年離婚，和威弗爾公開同居，但遲至 1929 年才結婚。從此，她的姓名就叫阿爾瑪·馬勒—威弗爾了。

隨著 1938 年希特勒吞併了奧地利，作為猶太人的威弗爾和阿爾瑪被迫在這年的夏天逃往法國，在法國一直待到 1920 年春。第二次世界大戰德國法西斯入侵和占領法國後，猶太人在法國也不再安全了，他們指望能夠移民美國。在馬賽時，他們聯絡上了美國記者，美國的私人救援組織，旨在說明知識份子和藝術家免受納粹迫害的「緊急救援組委會」的代表瓦里安·弗賴。弗賴安排威弗爾夫婦避開由德軍占領的「維希法國」的疆界，徒步穿越比利牛斯山，經西班牙到葡萄牙，然後渡船到了紐約城，最後在洛杉磯定居了下來。

威弗爾因他的《貝爾娜黛特之歌》1942 年在美國出版後連續 13 周上「紐約時報暢銷書」榜首，1943 年又被美國導演喬治·西頓搬上銀幕，在美國有一定的知名度。使他得以於 1946 年加入美國國籍，幾年後遷居紐約城，成為一位文化名人。馬勒音樂的偉大捍衛者，著名指揮家和作曲家，紐約「愛樂樂團」的音樂總監倫納德·伯恩斯坦十分尊重馬勒的遺孀，曾請他參加他的幾次預演，並聲稱說她是馬勒和阿爾班·貝爾格的一位「在世的」紐帶。只是，不管阿爾瑪還留有多大的名聲，也已經不可能再有機會遇到新一代的男人、重展她的風流了。

阿爾瑪確實給諸多藝術家獲得靈感，是他們的繆斯。但是人們不免要問：她是奧林波斯山上的神性的繆斯，還是地獄裡的魔性的繆斯？或者是兩者都兼有？

那些巨匠和他們的繆斯女神：

與她們相遇，不論出現巨痛或者狂喜，都會激起大藝術家們創作的靈感

作　　者：余鳳高

編　　輯：林緻筠

發 行 人：黃振庭

出 版 者：崧燁文化事業有限公司

發 行 者：崧燁文化事業有限公司

E-mail：sonbookservice@gmail.com

粉 絲 頁：https://www.facebook.com/
　　　　　sonbookss/

網　　址：https://sonbook.net/

地　　址：台北市中正區重慶南路一段六十一號八
　　　　　樓 815 室

Rm. 815, 8F., No.61, Sec. 1, Chongqing S. Rd.,
Zhongzheng Dist., Taipei City 100, Taiwan

電　　話：(02)2370-3310

傳　　真：(02)2388-1990

印　　刷：京峯數位服務有限公司

律師顧問：廣華律師事務所 張珮琦律師

定　　價：350 元

發行日期：2024 年 01 月第一版

◎本書以 POD 印製

Design Assets from Freepik.com

國家圖書館出版品預行編目資料

那些巨匠和他們的繆斯女神：與她
們相遇，不論出現巨痛或者狂喜，
都會激起大藝術家們創作的靈感 /
余鳳高 著 . -- 第一版 . -- 臺北市：
崧燁文化事業有限公司 , 2024.01
面；　公分
POD 版
ISBN 978-626-357-916-3(平裝)
1.CST: 世 界 傳 記 2.CST: 作 家
3.CST: 藝術家
781　　112022183

電子書購買

臉書

爽讀 APP